だいわ文庫

先延ばしは1冊のノートでなくなる

大平信孝

大和書房

はじめに

この本を手に取ってくださりありがとうございます。

本書は、1冊のノートで先延ばしを撃退する本です。

私は目標実現の専門家として1万人以上の方々の夢やビジョンの加速実現をサポートしてきました。

そのなかにはロンドンオリンピックに出場したトップアスリートや、2年連続総合優勝をした日本大学馬術部、世界で活躍するトップモデル、次世代を担う経営者、ビジネスパーソン、ベストセラー作家の方などがいます。

その方々のメンタル面をサポートしてきたことで得たさまざまな知見、最新の脳科学・アドラー心理学などをベースに仕事の先延ばしに悩む方々のサポートをしてきました。

私のコーチング・セミナーには、

- 目の前のことに精一杯で、未来が見えず**「やる気になれない」**
- 日々の雑務に追われ**「自分のやりたい仕事に時間を取れない」**
- 仕事が終わらず残業・休日出勤続きで**「成長を感じられない」**
- **「いつかいつか」**と思っていて、**「失敗するのが怖くてチャレンジできない」**
- そもそも**「自分の本当にやりたいこと」**がわからない

という方がいらっしゃいます。

しかし、その多くの人が先延ばしの本当の意味を理解していません。

「あなたにとって重要な仕事・価値あることを後回しにすること」

私がいう先延ばしとは、このことを指します。

タスクの4つの分類

緊急で重要な仕事

- 顧客からのクレーム対応
- 締め切りの近い仕事
- トラブル処理

重要だけど緊急じゃない仕事

先延ばしにしがちな部分

- 人脈作り
- 準備、計画、仕組みづくり

- 飛び込み営業の対応
- 目的が不明確な会議

緊急だけど重要じゃない仕事

- ダイレクトメールを読む
- ネットサーフィン
- ダラダラ休憩

緊急でも重要でもない仕事

「重要でないこと＝些末なこと」を先送りするのは、「先延ばし」ではありません。たとえば、勤務時間中のネットサーフィン、ダラダラ休憩、ダイレクトメールを読むなど、重要でないことは、周囲に迷惑をかけないかぎりどんどん後回しにしたほうがいいのです。

あなたにとって、重要でない仕事を後回しにしても何ら問題はないのです。

一方で、飛び込み営業対応、誰も見ない報告書作成、目的が不明確な会議など、「緊急だけど重要じゃないこと」ばかりしている人は、「先延ばし」をしているといえます。

あなたにとって重要なこと（＝先延ばしすると自分の人生や、仕事に重大な損失が生じること）を先送りすることこそが、先延ばしなのです。

「緊急かつ重要なこと」を先延ばしする人は、少ないでしょう。なぜなら、これをやると自分もツラいですし、人にも迷惑をかけます。なにより後処理が大変になるだけですから、先延ばししにくい問題かと思います。たとえば、顧客からのクレーム対応や締め切り直前の仕事などがこれにあたります。

一方で、「緊急じゃないけれど重要なこと」がまさに先延ばしの対象になる、ついつい後回しにしてしまいがちなものです。たとえば、生産性の高い仕事をするための仕組みづくり、業務の見直しと改善、人脈づくり、後輩の育成や指導、健康管理。専門性を高めるための勉強やキャリアアップのための資格取得。やりたい仕事の計画や準備などです。

ただ、ある人にとっては先延ばしでも、ある人にとっては先延ばしにならないこともあります。

本編で詳しくお話ししますが、「自分の人生で本当に実現したいことは何か？」という判断基準が、「すぐやるべきか、後回ししてもOKか」を決めるのに不可欠な視点となり、仕事と人生の質に大きく関わってくるのです。

どうでもいいことは先延ばししてもいいのです。私がいう先延ばしとは、あなたの**人生で本当に重要なことを先延ばしすること**だということを忘れないでください。

先延ばしをして手にしたメリット

人は、メリット（報酬）がないことはしません。

つまり、先延ばしにもメリットがあるというわけです。その一番のメリットとは**「その瞬間はイヤな思いをせずにすむ」**ことといえるでしょう。

あなたもこんな経験をしたことはありませんか。

先延ばししていた案件が「このままでは、締め切りまでに間に合わなさそう」と不安になりました。その不安をおさえるために気分転換することにしました。

「5分だけネットサーフィンしてから取りかかろう」

「5分だけ雑談したり、コーヒーを飲んだり、煙草を吸ったりして、気分転換しよう」

そして5分経つと、「あと5分だけ」と気分転換の時間が延びていき、気づいたら30分経っていました。するとあっという間に夕方に。

「今日は気になっている他の案件を集中して処理しよう。この案件には明日から本腰を入れて取りかかろう」

そうこうしているうちに時間がなくなり、結局さらに先延ばししてしまう……。

あるいは、会社で取得必須の資格試験の当日まで1ヶ月を切ったのに、楽しいからと好きなミステリー小説を読んでしまったり、新作のゲームをやってしまったりで、勉強がほとんど進まない……。

面倒なこと、気乗りしないこと、やっかいなことなど、**先延ばしすることで今この瞬間だけは気分よくいられます**。不安、恐怖、不快、不愉快、大変な思い、苦労、疲労、面倒などを感じなくてもすむわけです。

先延ばしのデメリット

もちろん、先延ばしにはデメリットもあります。

その最たるものが、**ストレスが増える**ということです。仕事の未完了感が増えると、フラストレーションが蓄積されていきます。あなたも、**「時間があれば……」「明日こそは……」「この仕事がひと段落したら……」**と先延ばししたことで、スッキリしない日々をすごした経験が一度ならずあるはずです。

重要なことを先延ばしすると、「今この瞬間」を生きている感覚がどんどん鈍くなっていきます。

また、重要でないことに終わりはありません。本当に重要なことに時間を割かずに、重要でないことばかりにいつまでも時間を消費していると、**いつまでも時間に追われ**

ることになるのです。それは未来の自分へ「今やらなかったツケ」を回しているだけです。

「重要なことの先延ばし」が習慣化してしまうと、負の連鎖がおきます。どんどん取りかかりが遅くなり、小さな行動でさえ多くの時間を使ってしまうことになります。それは、成長するチャンスをどんどん失っているともいえます。

さらに悪いことに、「わかっちゃいるけどできない自分」「逃げちゃう自分」を責めてしまう。自分で逃げているのはわかっているので、ものすごい自己嫌悪になるのです。なかなか取りかかれないこと自体が、フラストレーションだったりもします。

重要なことの先延ばしをすると**精神的、肉体的、頭脳的に疲れてしまう**のです。

皮肉なことに、「やらなければいけないこと」を先延ばしにすると、いつまでもそのことが頭から離れなくなります。実際に取りかからないかぎり、先延ばししたことでの不安や後悔もどんどん膨らんでしまうのです。

すると、他のことをしていても、イヤな気分は続き、楽しめなくなります。仕事であれば勤務時間外でも先延ばしした案件のことが気になり、余計なストレスを溜め込むことになってしまうのです。

どこにいても、心からくつろげないので、イライラしたり、人にキツくあたったりしてしまう。そして、そのイライラやモヤモヤを晴らすためにゲーム、SNS、お酒、タバコ、お菓子、買い物など余計なことに時間やお金を費やしてしまうのです。

先延ばしを維持する努力家を卒業しよう

「先延ばし」もアクション（＝行動）です。

冷静に振り返ってみれば、私たちは、先延ばしを維持するためにものすごい努力をしていることがわかります。これは先延ばしにかかるコストともいえるのです。

先延ばしをやめるのにも先延ばしを維持するのにも、コストがかかります。あなたはどちらのコストを負担したいですか？

もしかしたら、「制約だらけの今の会社・仕事では、自分が本当にやりたいことを先延ばししないなんて無理」とあきらめている人もいるかもしれません。しかし、制約がなかったとしても「制約がない＝いつでもできる＝じゃあ今やらない」のように結局は先延ばししてしまうわけです。

安心してください。**先延ばしをやめるには制約があってもいい**のです。

先延ばしをやめるために、まず最初にすることは、先延ばしし続ける努力をやめる決断です。

決断をした瞬間から、あなたは変わりはじめています。この本ではその決断をサポートするための考え方やその具体的な方法を盛り込みました。

会社員時代の私を知っている人たちからは、「大平くん、変わったね～。正直、同じ人とは思えないくらいイキイキしているよ」と言われることがあります。たしかに、自分でもびっくりするくらい当時の私と今の私は違うと思います。

その秘訣を本書のなかであますことなく公開しています。

このメソッドがなかったら、私がこうして本を書き、セミナーや研修講師をするなど、ここまで変身できなかった。そう断言できます。

まず第1章では先延ばしをなくすために絶対必要な「**ぶっとんだ目標**」というメソッドの紹介とそのつくり方を紹介します。この目標の設定が今後のあなたの人生を大きく変えていく鍵となりますので、じっくりと読んでみてください。

第2章ではいよいよ、先延ばしが100％なくなる最強メソッド「**行動イノベーションノート**」の説明をします。この1冊のノートを使えば、たった3分で劇的にあなたの現状を変えていけます。能力もやる気も関係ありません。あなたの夢を実現するためのノート術を伝授します。

第3章では**行動イノベーションノートの実例**を紹介します。行動イノベーションノートをより理解していただくためにノートの実例を掲載しました。「こんなことでいいんだ、こうやればいいんだ」という感覚を持ってもらえることでしょう。

第4章は実際にノートの習慣をはじめてみたときに生じやすい疑問に答える章となっています。毎日ノートを書いていくのが楽しくなる工夫を盛り込みました。

本書で推奨していることは非常にシンプルです。

1　「ぶっとんだ目標」をつくる

2　10秒でできることをノートに書いて実行する

たったこれだけのことを続けるだけであなたは大きく変化しはじめます。

イノベーションとは、創造的破壊。一度ぶっ壊して、今のあなたにとってよりよい方向・新パターンをつくっていくことを指します。

●自分のための時間を増やしていける
●自分の人生に向かってどんどん進んでいける
●自分の思うような、期待した未来へと向かっていける

この本を手に取ってくださったあなたが、これまで行動をイノベーションしてきた多くの方々と同じように、自分の人生を革新する手助けができたらと思っています。
では、1冊のノートで今のあなたをイノベーションして、次のステージの扉を開きましょう。

大平信孝

実践者の声、続々!

先延ばしにしがちなことも**見える化**できるので、嫌なことも向き合えるようになってきました！　（40代男性）

10秒アクションがあるとTo Doを書くだけに終わらず、**実際に動ける頻度が高くなりました！**　（40代女性）

一度立てた目標を忘れず、育てていく感覚で、**納得感を持って行動がとれる**ようになりました！　（30代女性）

気合いや気負いを要することなく
やるべきことができるようになりました！
（20代男性）

やりたかったことに少しでも着手できたから、**１日の充実感が明らかに違う！**
（30代男性）

ネガティブ思考で物事を捉えかけたときでも、**余裕を持って行動できる**ようになった！
（50代男性）

感情に振り回されずに、思っていることを行動にうつせるようになった！
（30代女性）

先延ばしは

1冊のノートでなくなる

目　次

「先延ばし」を撃退!

第1章 目標設定の仕方

驚くほど
行動力が高まる

第2章 行動イノベーションノートで大革新

第3章

やりたいことを実現しはじめる人が続々！

行動イノベーションノートの3つの実例

長時間労働という激務のなか、トラブル処理など主体的に仕事ができない。
仕事の波にのみ込まれて、疲弊していたMさん。
家族との時間を取り戻したい、仕事も充実させたい。
現状を打破するためにMさんが掲げたぶっとんだ目標とは？

Hさんの場合　《大手IT企業企画開発部門、29歳・男性》……144
結果を出したことで花形部署に異動となったHさんに待ち受けていたのは、
新しい環境に慣れない、成果が出ない「できない自分」だった。
もがいても成果が出ない、なにも手につかない。プライベートまでボロボロになった
Hさんの日常を変えたのは、とんでもない、きらきらした目標だった⁉
Tさんの場合　《教育関連事業人事部、41歳・男性》……150
長年勤めていた部署から希望していない部署に配属され、仕事がままならず、
時間に追われる毎日のTさん。
保身に走ろうとする気持ちとは裏腹に、目標を書きはじめたとたん心の底からあふれ出した
熱い思い――。つらかったTさんの日常が彩りはじめる！
3人のその後を紹介！……156

飽きない！　だれない！
あきらめない！

第4章

行動イノベーションノートを楽しく続ける工夫

第1章

「先延ばし」を撃退！

目標設定の仕方

1章を読む前に

未来にアンカリングをして行動をイノベーションする。

これは私のセミナーで紹介するお話です。

「アンカー」とは船が停留するときに海底に下ろす錨のことをいいます。

未来にアンカリングするとは、未来に錨を下ろすということ。つまり、「本当はこうしたい」という未来を描くことです。

未来にどうしても行きつきたい。そう思う目的地が見つかったとき、人は「その気」になるのです。


そう、**「その気」になる。**

やる気を起こすより、実は「その気」になって気を充実させれば、リバウンドしない本物の変革を起こせます。これが本当に変わるための行動イノベーションメソッドです。

あなたが先延ばしをやめるにはやる気は必要ありません。

本章では先延ばしをやめるために絶対に必要な目標設定の話をします。

今までは行動できなかったとしても大丈夫です。それはどうしても行きつきたい未来が見つかっていなかっただけだからです。

未来に向けたぶっとんだ目標を立てる。それだけで、先延ばしは劇的に減っていきます。

気合いと努力だけでは先延ばしはなくならない

もし、「行動量を2倍に増やせば先延ばしがなくなる」のであれば、仕事を効率化することで、先延ばしを減らせる余地があります。

でも、あなたもすでにお気づきかもしれませんが、**行動量を2倍に増やしても、先延ばしはほとんど減らない**のです。膨大な仕事量に忙殺されている現状では、仕事の処理量を2倍に増やしたくらいでは、残念ながら先延ばしは撃退できません。

無理して残業したり、気合いを入れて大量の仕事をやっつければ、一時的には先延ばしを減らすことができます。

でも、残念ながら無理は続かないのです。体力、精神力、集中力などには、限界があります。無理矢理、先延ばしを減らしても、疲れがでたり、気が抜けたりすると、たちまちリバウンドしてしまいます。結局、今のままの働き方をしているかぎり、一時的に先延ばしを減らせたとしても、先延ばしを根本から撃退することはできないのです。

安心してください。行動量を増やさなくても先延ばしは必ず撃退できます。その糸口は、仕事のスピード・処理速度を上げることではなく、**仕事の質やレベルを変えること**。

言い換えれば、今、先延ばしをしている人は、仕事に対する考え方、仕事の捉え方を変えるだけで、先延ばしを撃退できるだけでなく、仕事で成長する余地さえもでてくるということです。

今のあなたは、「先延ばしするのが普通」「先延ばしを撃退するなんてほぼ不可能」という世界で仕事をしています。

つまり、頑張って努力すると先延ばしをなんとか一時的には減らせるけれど、気を抜くとリバウンドしてしまうというのが、先延ばしをする人の働き方です。

一方で、「自分にとって大事なことを最優先するのが普通」と思って働いている人もいます。

「気合いや努力などなくても、自分のやりたいことはついついやってしまうから、先延ばしという問題が起こらない」というのが常識の人もいるのです。

仕事の「質やレベル」を変えるというのは、それほど簡単なことではありません。

仕事にしても趣味にしても、**次のステージにステップアップするときは、質的変容を伴います**。今の自分が思いつく方法・やり方というのは、今のステージでしか通用しないものだったりします。

頭ではわかったとしても、

- いったい何を変えたらいいのか？
- 何を決断したらいいのか？
- どの方向に向けて努力をしたらいいのか？

など、まったく見当がつかない人もいるかもしれません。

あなたが今まで、すばやく仕事をこなすことや、大量の仕事を期限内に終わらせるなどといった、目先の業務についてのみ考えてきたとしたら、仕事の意味や価値、目的を考え抜くことは、とても難しいことのように思えるでしょう。考えても、考えても、まるで出口のない迷路に迷い込んだようで、なかなか答えがでてこないかもしれません。

では、あなたが今度こそ変わるには何が必要でしょうか？

それが、私が提唱する**「ぶっとんだ目標を立てること」**なのです。

過去と今の延長線上の未来から抜け出そう

心が踊るような、未来に夢中になるくらいのぶっとんだ夢・目標を立てよう。

これは私のセミナーで掲げる言葉です。

今でこそ、目標実現の専門家として仕事をしている私ですが、**10年前までは「先延ばし人間」の典型例でした**。どうでもいい仕事は最速で終わらせるのに、肝心な仕事に関してはなかなか取りかかれず、先延ばししていました。そして、いつもそのことをウジウジ悩んでいました。

当時私は、税務専門誌の編集を担当していました。簿記や税の勉強をして税に関する論文を書けるレベルになれば、企画提案などでよりよい仕事ができることは頭ではわかっていました。

意を決してテキストを購入し、専門家の勉強会にも参加したものの、勉強は一向に進みませんでした。「自分は税の専門家でないし、どうせ勉強してマスターしても給料が上がるわけでもない。いますぐ業務で困るわけでもないし、今から勉強したってどうせ専門家にはかなわない」、先延ばしを正当化する言い訳をして、ずるずると先延ばしし続けました。

いつも時間に終われ、やっつけ仕事でなんとか切り抜ける。そんなふうにまったく代わり映えしない自分を見てがっかりし、さらに先延ばしをする。そんな悪循環を私自身、ずっと繰り返していました。そんな私が、

「大平くん、正直、同じ人とは思えないくらいイキイキしているよ」

と言われるまでに変われたのはなぜか。10年前には、あまり冴えない会社員だった私が、なぜ目標実現の専門家として独立し、こうして本を出版させていただいたり、

オリンピック出場選手や経営者の方々のサポートをしたり、日々やりがいのある仕事に挑戦し続けられるのか。

その秘訣が「ぶっとんだ目標」にあるのです。

これがなかったら、私もクライアントさんもここまで変身できなかった、そう断言できます。

なかなか行動できない、ついつい先延ばししてしまうという人に共通していることがあります。どんなことだと思いますか？

それは、**「ぶっとんだ目標設定をしていない」ということ**。

ぶっとんだ目標がない人というのは、ゴールなしのサッカーをしているようなもの。

ただ、ボールを蹴ったり、パスをしたり、ドリブルをするだけ。自分の近くにきたボールに、反応して動くだけ。ゴールがないので、点数も入らないし、勝敗もつかない。何よりも盛り上がらないし、楽しくないのです。

目指す方向も目的も決まっていないので、日々思いつくまま行動する。別に自分でどうしたいということもないので、会社の指示や社会のトレンドに反応するだけ。そして、会社からの評価やまわりの人と比べて一喜一憂する日々。こういう状態で先延ばしを撃退するために、行動し続けるのは誰でもしんどいです。

サッカーに目指すべき明確なゴールがあるように、**あなたの目指すべき方向がはっきり明確に決まる「ぶっとんだ目標」があったら、あなたはどう変わるでしょうか？**

ぶっとんだ目標が見つかると、スイッチが入るのです。すると、実現したくなってしまう。日々のちょっとした決断も行動も、目標を実現する方向を、つい目指してしまうのです。つい行動してしまう。だから結果的に、先延ばしも減り、さらに目標も実現します。

過去と今の延長上に未来を描いているかぎり、先延ばしを撃退することは、とても難しいです。

過去と未来が綱引きしているところをイメージしてみてください。

ぶっとんだ目標がないと、未来よりも過去が勝ちます。なぜなら、過去のほうが自分でリアルに経験したぶん、**記憶が鮮明でイメージしやすい**からです。

今のステージでの努力を積み重ねても、行けるのは今のステージの最先端まで。あなたが先延ばしを撃退するには、ステージを乗り換える必要があります。**仕事の質的・レベル的変化をとげるには、どこかで、「ぶっとぶ」必要があります。**そのためには、まず、未来にぶっとんでしまえばいいのです。

「ぶっとんだ目標設定」をすると、いい映画を見たときと同じことが起こります。その目標に引き込まれ、未来に引っ張られてしまうのです。そのあと、未来から今に向かってラインを引くイメージで戻ってきます。そうすることで、今の延長線上にはない、「予定」を超えた新しい未来に行くことができます。

先延ばしを撃退するのに必要な考え方の一つめは「ぶっとんだ目標」を持つこと。

現在の延長線にラインを引いてもブレークスルーは決して起きません。

空中ブランコでも、一度バーから手を放さないと次のブランコには飛びうつれません。過去からの延長線上の今というバーを手放さない状態では、今の空中ブランコの振り幅という制約のなかで、一喜一憂を繰り返すことになります。

あなたもぶっとんだ目標を立てて、次のステージに進みましょう。

ぶっとんだ未来から逆算する

先延ばしをせずに、目標を着々と実現する人には共通点があります。

それは、未来から**逆算的に計画を積み上げている、「逆算思考をしている」**ということ。

先延ばしせずにうまくいっているときは、「積み上げ思考」と「逆算思考」の両方をやっている人が多いのです。これに対して、大事なことを先延ばししているときは、一方通行です。

たいていの人は、現状からほんのちょっとずつ改善していくという行動を、その場その場で積み上げていくだけです。「積み上げ思考」だけで先延ばしを撃退しようとしています。

ある程度の慣れた仕事や日常は、「積み上げ思考」だけでも、まわっていきます。ところが、新規プロジェクトや、新しいチャレンジを同じように処理しようとすると、とたんに足が止まってしまうことがあります。

しんどい、つらい、面倒くさい、時間がない、自信がない、やり方がわからないということが「障害」となって、一歩踏み出せなかったり、行動が止まったりします。または、「すべきこと」に追われ、義務感に押しつぶされそうになってしまうこともあります。さらに、ときには人からの批判、評価などを「障害」だと感じてしまうのです。

すると、「自分には無理かも」「どうせやってもできないなら、やらないほうがまし」と先延ばししがちになります。

「今ある状態」を基準に考える「積み上げ型」の思考だけだと、どうしても行き詰まってしまうことがあるのです。実は、「今」の延長線上に、あなたが実現したい「未来」があるわけではないのです。**今の延長線上にあって実現するのは「予定」だけ。**

あなたが特に努力しなくても実現することは、「目標」ではなく、「予定」です。

新しいことにチャレンジするときは、どこかの時点で、ぶっとぶ必要があります。誰でも、最初は初心者・未経験者です。「前例がないからできない」「やったことがないから無理」「今の自分の実力では不可能」とあきらめてしまうと、特に努力しなくてもやってくる今の延長線上にある「予定」しか実現することができません。

先延ばしをせずにうまくいっている人は、うまく未来にぶっとんだ人。

方法や手段、経験、能力、現実的な制約などはいったん脇に置いて、とにかくあなたが実現したい未来を鮮明にイメージする。そうすることで、今の延長線上にはない、「予定」を超えた新しい未来に行くことができます。

私自身、この思考回路をマスターしはじめてからというもの、先延ばしが減り、目標が加速度的に実現するようになってきました。そして、「ぶっとんだ目標を立てて、逆算思考をする」という思考回路を活用することで、私のサポートする方々も次々とぶっとんだ夢や目標を実現しはじめたのです。

ですので、**先延ばしを撃退するためのもう一つの大切なことは、「逆算思考」です。**実現した未来から、逆算するのです。

もちろん、現実にする「行動」は積み上げ思考でも、逆算思考でも変わりません。やるべきことは先延ばしせずに、やる必要があります。ただ、逆算思考だと、行動に対するプレッシャーや抵抗が小さくなります。

ぶっとんだ目標とそこからの逆算思考。この2つの考え方が身につけば、行動に対するプレッシャーはまったく変わってきます。

ぶっとんだ目標を持てば行動スイッチが入る

「先延ばし」で悩む人の大半は、次の４つのタイプのいずれかに当てはまると思います。あるいは、この４つの掛け合わせかもしれません。

1　不安先行タイプ

チャレンジしたい気持ちがあっても、「失敗したらどうしよう」「バカにされたらどうしよう」「誰も協力してくれなかったら……」など、うまくいかないイメージが先行します。絶対失敗しない対策を考えているうちに、やる気が萎えてあきらめてしまいます。

2 自信不足タイプ

「実績（前例・経験）がないから無理」「自分には才能がないからどうせやっても無駄」「ちゃんと調べてから」「きちんと準備してから」といった口癖があります。

自分に自信がない、または自分の仕事に自信が持てないことが多いです。誰かが背中を押してくれたり、オファーしてくれるのを待っています。

3 「あれもこれも」タイプ

とにかく、やりたいことや予定がいっぱいあります。やる気も行動力もないわけではないのですが、優先順位がつけられないのです。タスクがありすぎて、どこから手をつけていいかわからないので、全部に手をつけようとします。その結果、たくさん動いているわりには、大事なことを先延ばししてしまい、望むような結果がでません。

4 時間不足タイプ

「他の仕事の締め切りで忙しい」「まとまった時間がとれたら」などと言っているうちに、時間だけがすぎていきます。「やるべきこと」を優先するあまり、「本当にやりたいこと」に使える時間が、後回しになっています。

このように先延ばしする理由はさまざまですが、**その解決に必要な方法はたった1つ。ぶっとんだ目標を立てること**です。

目標がない人は、自分にとって価値ある仕事を先延ばしする頻度が高いです。なぜなら、いきあたりばったりになりがちだからです。

ちょっと大変だったり、ちょっと難しかったり、イヤなことがあると、「別のことをしよう」となってしまう。ですからちょっとした誘惑や衝動に負けてしまう。結局先延ばししてしまうのです。

目標がない人は「糸の切れたたこ」状態になっています。

たとえば、素晴しい上司の下で働くなど上昇気流にのれれば絶好調になる反面、放任主義の上司の下への異動など下降気流にのったら一気に絶不調になるのです。上司にかぎらず、社会情勢、会社の状況、部署、同僚、部下といったまわりの状況に振り回され、一喜一憂することになります。

あなた自身が、自分で目標を見つけて、行動するという習慣をつけないかぎり、先延ばし撃退方法としては、再現性がないのです。

いにしえの人々は、海を航海するときや航路に迷ったとき、北極星をたよりにしていました。

満天の星が刻一刻と動いていくなか北極星だけが、ほとんど動かないからです。

北極星のような目標があれば方向が決まります。 すると先延ばしや後回しのループから抜け出せるのです。

目標のあるなしは、1日では大した違いは出ません。

しかしその真価は3ヶ月、半年、1年たったときに発揮されます。5年、10年なら圧倒的な違いになるでしょう。

目標がなければ、そもそも新しいことやチャレンジングなこと、困難なことに挑み続けるのは、誰でもしんどいのです。

「これをやったほうがいい」とか「今こそ、あのことに取りかかるときだ」と、わかっていたとしても、「まあ無理してまで、今日やらなくてもいいか」「明日、本気で取り組めばなんとかなるさ」と、先延ばしして しまうのです。

こういう状態では当たり前ですが、先延ばしはなくなりません。

ぶっとんだ目標設定で、行動スイッチは入るのです。

すぐに取りかかりたくなってしまう。日々のちょっとした決断も行動も、目標を実現する方向を、つい目指してしまうのです。

仕事でもプライベートでも、「あれをやったほうがいい」「今こそ、これをやるときだ」というときに、つい行動しちゃう。だから結果的に、先延ばしはなくなっていくのです。

こんな目標では
いつまでたっても先延ばししてしまう

ここまで読んでみて、どんなことを考えていますか?

「まずい、目標設定をしていなかった。よかった。今この本を読んでいて」と思われた方がいるかもしれません。もしかしたら、「あれ、私は目標があるのに、目標設定してない人とあんまり変わらないいんだけど」と混乱された方もいるかもしれません。

私の提案する「ぶっとんだ目標」は次の3つのような目標ではありません。

1　他人から与えられた数値目標

例：上司に指示された目標、人事評価のために書いた目標、ノー残業デーの徹底、交際費ゼロ、売上げ10％アップ、利益率3％改善　など

2　努力しなくても達成できそうな目標

例：ＴＯＥＩＣの点数10点アップ、来年主任になる（9割以上が入社5年以内に主任に昇進する会社の場合）　など

3　世間一般でいいといわれている目標

例：役員に抜擢《ばってき》される、社長になる、年収数千万円、社長賞を受賞する、会社を上場する、タワーマンションの最上階に住む、ロレックスやバーキンなどの高級品を買う、係長に昇進する　など

まず「他人から与えられた数値目標」だと、自分で主体的に立てた目標がない状態になっています。

先延ばし撃退に必要なのはあなた自身で立てた目標です。

セミナーに参加される方でも会社から与えられる目標があるのみで、その目標以外

に自分の中長期的なキャリアや自分目線の仕事の目標設定をしていないということが比較的よくあります。

目標設定は、**主体的に自分軸にそった目標を立てること**がポイントです。

「努力しなくても達成できそうな目標」の場合、得られるフィードバックは「実現したか・しなかったか」「うまくいったか・失敗したか」など、結果の有無という二者択一になりがちです。これだと、せっかく行動してもその結果から学ぶことが少なくなってしまいます。

これに対して、ぶっとんだ目標の場合はなかなか実現しないぶん、結果の有無だけにとらわれず、「どれだけ近づいたか」「その行動が効果的だったか」「行動の質と量」など、**フィードバックの要素が多様化します**。行動の後の検証がしやすく、軌道修正しやすいのです。

「世間一般でいいといわれている目標」については他人から与えられた目標と同じよ

うなものといえるでしょう。

たしかに世間一般でいいといわれる目標には良質なものもあります。しかしあなたが本当に欲しいものでなかった場合には、やはり主体的な目標ではありません。

あなたが本当に実現したい、ぶっとんだ目標のブラッシュアップについては後述します。世間一般でいいといわれている目標が自分の本当にやりたい・そうなりたい目標と合っているのかをしっかりと確かめてください。

とにかく、ぶっとんだ目標とは**魅力的であなたが実際にそうなりたいと思う目標**だということを忘れないでください。

思いつくままに目標を書きはじめよう

今から、私と一緒に「ぶっとんだ目標」を考えてみましょう。

もしかしたら、「ぶっとんだ目標なんて、難しそうだから自分には無理かも」「いきなりぶっとんだ目標を立てろといわれても、無難なことしか考えられない」と、思った人もいるかもしれません。

安心してください。順を追っていけば、誰でもぶっとんだ目標を立てられるようになります。鉛筆と紙1枚を用意してください。

目標を思いつくままに書く。どんなことでもかまいません。まずはそこからはじめましょう。

私のセミナーにはじめて参加される方のなかには、「目標を思いつくままに書いてみてください」といってもなかなか書けない方もいます。「自分が本当はどうしたいかわからないからセミナーに来ているのであって、唐突に聞かれてもわからない」という方もいます。

一方、半年以上継続してサポートしているクライアントさんに同じことを聞くと、ご自身が本当に願っている目標がスラスラとでてくるのです。

その違いはどこにあるのでしょうか。それは**「本当はどうしたいか？」をいつも自分に問いかけているかどうか**です。

ですから、まずあなたにとって最高の目標を見つけるために最初にすることは、「やってみたいこと、欲しいのもの、達成したいこと、味わいたい気分」などを、ひたすらたくさん紙に書くことなのです。

仕事にかぎりません。お金、環境、モノ、時間、人間関係、心身の健康、学び、趣味など思いつくままに書いてみればいいのです。ただし書き出す際は、アイデアを「出す」時間と「精査」する時間をしっかり区別することが大切です。

目標を書き出す際のポイント　その1

夢や目標の素に「ダメだし」しない

「こんな目標じゃたいしたことないな」「これは自分には無理かも」「今さらこの年齢では遅すぎる」「他にもっといい目標があるはず」「私はなんて欲深いんだろう」「こんなことを望むなんてわがままかも」などと思うことがあるかもしれません。でも、せっかくあなたが書き出した目標に対して、批判したり、ダメだしはしないでください。

「この人は、判断や評価をせずにただ聞いてくれる」と感じられたときに、自分の本音を話すことができます。それは他人との間だけではなく、自分自身にとっても変わりません。

たとえばここにAさんとBさんがいたとします。そして、Aさんの思考、感情、行動すべては、Bさんの指令どおりに従うと想像してください。

Bさんが、「そんな目標を立てたってどうせ達成できないよ」「自分でも無理だと感じている夢を書いても無駄だよ」「どうせ、夢や目標を書いたって行動しないんだから」という判断や評価をしたとします。

すると、Aさんは「やっぱり自分には無理なのかも」「どうせ実現できない夢や目標を書くなんて無駄だからやめておこう」となってしまうのです。

さて、いかがでしょうか。

あなたが自分で考えた目標にしてしまう「ダメだし」とは、まさにこの状態と同じなのです。**あなたがあなたをいじめている状態**なのです。

こんな状態では、自分のやってみたいことすら考えたり、書いたりするのが難しくなります。

最初の段階では、ありふれた目標でいいのです。

そこをとっかかりに、ぶっとんだ目標を見つけていきます。誰もがたどる道なので安心してください。


あなたが自分のアイデアに対して評価や批判をすると、夢や目標はあっという間にしぼんでしまいます。

どんなに小さくて些細なことでも、逆に途方もないことでもかまいません。まずは、あなたが**「いいな、欲しいな、楽しそうだな、やってみたいな、実現できたら嬉しいだろうな」ということ**を、ひたすら手を動かして紙に書いてみましょう。自分の欲望からスタートしていいのです。

目標を書き出す際のポイント　その2

欲望を思うがままに

あなたはいま、どんな欲望を持っていますか？

「あれが欲しい」「これも欲しい」「あれもしたい」「これもしたい」「あの人に会いたい」「あれを食べたい」「ここに行きたい」「ああしたい」「こうしたい」と、人間の欲望にはかぎりがありません。そして、それは健全なことなのです。人は誰もが、欲望からスタートして大きな望みを持つのですから。

人は誰でも**自分の本当の欲望に素直になれると、お腹の底からワクワクとした気持ちが湧き出してきます**。そして、今まで頭で考えて無理矢理行動していたのが嘘のように、そのプロセスを楽しみながら行動できます。これを私は「行動イノベーション」と名づけました。

もしかしたら、「あなたの欲望はなんですか？」と聞かれても、すぐには答えられないかもしれません。「欲望」というと、ギラギラ、ドロドロしていて悪いことのような気がして抵抗があって、考えられない、という人もいるかもしれません。

私も以前はそうでした。自分の「欲望」について考えるという発想がそもそもなかったのです。さらに、自分の欲望を知ってしまったら抑制がきかなくなって暴走してしまうのでは、という不安もありました。

実は、自分の欲望を知るための方法があります。

「欲望＝頭の声、体の声、心の声」と、私は捉えています。

❶ 頭の声……普段考えていることで「しなければならない」という義務感

❷ 体の声……体の状態やコンディション。肩がバキバキだ、のどが痛いなど

❸ 心の声……感じていること、気持ち、喜怒哀楽など

欲望は考えるものではなく感じるもの。この3つの声を分けて「本当はどうしたい？」と、あなた自身に聞いてみてください。

通常は、この3つの声が混ざっていたり、特定の声だけを聞いている状態にあることが多いです。たとえば、体調が悪いと悩む人は、「体の声」を無視して自らを酷使していることが多いのです。

先延ばしに悩む人の大半は、「頭の声」だけに従って生きています。

- 会社の指示に従わなければいけない
- クビにならない程度の成果を出せばいい
- 家のローンを返すのが最優先
- 今さらやりはじめるのは遅い
- そんなことをする余裕が今はない
- まわりにがっかりされるかも

● どうせ自分には無理だ

などなど、この頭の声が大きくなって、自分の本当の声がかき消されてしまっているのです。

3つの声のうち、先延ばしを撃退したい場合は、**「心の声」を重点的に聞いてみる**ことをオススメします。

心の声を聞きとろうとすることは、あなたが抱いている「欲望」を正しく知ることにつながります。

たとえば、「会社の指示に従わなければいけない」と頭の声が叫んでいたとしたら、他の2つ、体と心の声を聞いてみましょう。すると、「もう終電間際まで仕事するのはイヤだ」「昨日の疲れが抜けなくて毎日しんどい」と言っているかもしれません。その声をしっかりと聞いてあげて、「本当はどうしたい？」と質問してあげることです。そうすることで

- ゆっくりお風呂に入って、ぐっすり眠りたい
- 自分をバカにしたあいつを見返してやりたい
- 自分の好きなことにもっと時間とお金を使いたい
- 家族や友達と心ゆくまで楽しい時間をすごしたい

といった「あなたの欲望」を感じやすくなるのです。

ぶっとんだ目標のスタート地点もあなたの「欲望」なのです。あなたにも、口にこそ出さずとも「欲望」があるはずです。それを否定しないでください。どんなにドロドロ・ギラギラしていてもいいのです。

安心してください。決して、ドロドロ・ギラギラのまま終わることはありません。「欲望」のさきには必ず「他人のために何かをしたい」という他者貢献のビジョンがあります。

目標を書き出す際のポイント　その3

楽しく無責任でいい

もし今、あなたが本当にやりたいことや究極の目標、キャリアのゴールなどがはっきりしていなくても大丈夫。必ず、あなたにふさわしいぶっとんだ目標にたどりつきますから安心してください。

「目標設定」というと、壮大すぎて自分には無理、目標設定をするのは難しいと思ってしまう人もいるかもしれません。

でも、本来自分のやりたいことを考えるのって、とっても楽しい時間です。

子どものころの妄想や、期待に胸を膨らませた感覚を思い出してみるのも効果的です。

誕生日がきたらこんなおもちゃをもらいたいな。誕生日の食事は大好きな海老フライが食べたいな。明日の休みは、友達と公園で鬼ごっこがしたい。今日のおやつは何かな、大好きなプリンがいいな。クロールで25メートル泳げるようになったらかっこいいな。仲のいい友達と同じクラスになれたら嬉しい。次の漢字テストで満点とりたい。書き初めで賞をもらいたい。リレーの選手になりたい。鼓笛隊に入りたい。飼育委員になってうさぎの世話をしたい。席替えで好きな女の子の隣になれたら嬉しいな。今日の給食、カレーライスだから早く食べたいな。放課後、校庭で遊びたいな。ちょっとワクワクしませんか？　あなたも、そんなふうに思ったことがあったはずです。その感覚を思い出してみてください。

実現可能かどうかよりも、情熱の熱量が大事です。夢は壮大であればあるほど、先延ばし撃退の力になります。

ですからここでは、あなたの能力、年齢、経済状況、家族の要望、仕事の都合、時間的余裕、体力、実現の可能性など、現実的な制約は一度、全部脇に置いてください。基準は、「実現可能かどうか」ではなく、「あなたが実現したいかどうか」。あなたが情熱を感じるかどうかが最も大事です。

あなたの人生は、親や会社、上司、世間の期待が決めるものではありません。あなたの人生は、あなたによってデザインされるもの。

白紙の状態で、「本当はどうしたい？」「本当はどうなったらいい？」「本当はどんな生活を送りたい？」と、あなた自身に問いかけ、理想のあなたの人生やキャリアプランを具体的に想像してみるのです。

目標を書き出す際のポイント　その4

まずは、質より量を

目標を立てる初期の段階では、目標の「質」よりも「量」が大事です。

目標の数が多ければ多いほど、それだけあなたにとってふさわしい素晴しい目標が見つかる確率が高まります。

あなたにとって最高の目標を考えるときに、5個だけ考えるのと100個考えたなかから5個選ぶのとでは、どちらがより素晴しい目標になりそうでしょうか？

もちろん後者です。

だからまずは、**どんなに小さなことでもいいので、やりたいなと思ったことは紙に書いてみましょう。**

参考までに、いくつか質問をあげておきます。

- やってみたいのに、今まで我慢していたことは？
- 1ヶ月自由な時間があるとしたら、どんなことをしてみたい？
- 生活費を稼ぐために働かなくてもいいとしたら、どんなことをしたい？
- 1円ももらえなくても、やりたいことは？
- 寝食を忘れてもやりたいことは？

- 子どものころ、夢中になったことは？
- 子どものころ、憧れていた人はどんな人？
- 今までの人生で、どんなことに時間を使った？
- 今まででどんなことに一番お金を使った？
- どんなことが楽しかった？
- 仕事でどんなことを達成したい？
- どんな仕事をしたい？

- あなたが一番嫉妬を感じるのはどんなとき？
- どんな場所で働きたい？
- 給料やボーナスはいくら欲しい？
- どんな人（上司、先輩、同僚、部下）と一緒に働きたい？
- お客様からどんな言葉をかけてもらいたい？
- ランチはどこで、誰と、何を、食べたい？
- どんな資格をとりたい？
- どんなことについて勉強をしたい？
- 夏休みや年末年始、ゴールデンウィークなどの長期休暇は、どうしたい？
- 休日はどんなふうにすごしたい？
- 家族とは、どんな会話を楽しみたい？
- 帰宅後はどんなふうにすごしたい？

- 朝、どんな気持ちで目覚めたい？
- どんな気分で1日を終えたい？
- どんな家に住みたい？
- 着たい洋服は？
- 貯金や資産はどれくらい欲しい？
- 行ってみたい場所は？
- どんなことを体験したい？
- どんな人と友人になりたい？
- 誰に直接会ってみたい？
- 買いたいものは？
- 食べたいものは？

- 3年後、どうなっていたい？
- 5年後、どうなっていたい？
- 10年後、どうなっていたい？
- 20年後、どうなっていたい？
- 死ぬとき、絶対後悔したくないことは？

目標を書き出す際のポイント　その5

悩みや課題を書き出す

そうはいっても、もしかしたら「やりたいこと、欲しいもの、達成したいこと、味わいたい気分」などについて、まったく思いつかない人もいるかもしれません。そういうときは、無理して絞り出さなくても大丈夫。発想を転換すればいいのです。

悩みや課題、「絶対やりたくないこと、イヤなこと、避けたいこと、欲しくないもの、二度と味わいたくない気分」など、**イヤなことを書き出してみましょう。**

「やりたいこと」と「やりたくないこと」はコインの表裏の関係にあります。

「やりたくないこと」の反対が、「あなたがやりたいこと」である場合が多いのです。やりたくないことを書くことで、あなたの本音や本心がわかることがあります。やりたいことよりも、やりたくないことのほうが、人としてのあり方や生き様、生きる姿勢が鮮明に出やすいこともあります。

- 睡眠時間を削りたくない
- 満員電車での通勤にうんざり
- いつもイライラしているのがイヤ
- ため息ばっかりつきたくない
- 無駄な付き合いの飲み会に出たくない
- クライアントさんにペコペコ頭を下げたくない
- 上司におべっかを使いたくない
- 人の成功にいちいち嫉妬したり、いじけたくない
- 意味のない休日出勤はしたくない

- 締め切りやノルマに追い込まれて深夜残業するのはイヤ
- 他人を蹴落としてまで出世するのはうんざり
- 価値観の合わない人と一緒に働きたくない
- 預金残高が気になって買いたいものが買えない
- 帰宅後に家族のご機嫌取りなんてしたくない
- 友達と出かけても、お金も時間も余裕がなくて楽しめない
- だらだらスマホしか趣味がない
- 英会話など習い事が長続きしない
- 飲み過ぎて記憶をなくす
- お菓子の食べ過ぎで後悔しまくり
- 行きたい場所に行けない、やりたいことをする時間がない

- 部屋がごちゃごちゃしていて落ち着かない
- 不安で眠れない
- 家族との時間がとれない

イヤなことややりたくないことを一通り紙に書き出せたら、**それを逆の表現（理想の状態）に書きかえてみてください**。

もしかしたら、それがそのままあなたのやりたいことになっている場合もあるでしょう。少なくとも、あなたが求めていることややりたいことのヒントが何かしら見つかるはずです。

そのうえで、もう一度「やりたいこと」を紙に書き出してみましょう。

ぶっとんだ目標は「ありありとイメージできる」もの

では、今書き出した目標と「ぶっとんだ目標」は、何が違うのでしょうか。

あなたは、自分の目標に引き込まれていますか？

目標を書き出した後、実現した状態を勝手に妄想し、ありありとイメージしてしまうほどですか？

楽しみにしていた旅行やゴルフ、趣味などの前日に、眠れないくらいワクワクするあの感覚です。それくらい、リアルに臨場感を持ってイメージできる目標。それが「ぶっとんだ目標」なのです。


「ぶっとんだ目標」をたてるポイントは、イメージファースト。

そこで、あなたが書き出した目標を、「ぶっとんだ目標」にするために最初にすることは、ゴールイメージを持つことです。

そして、明確にイメージした後に、もう一度、言語化しましょう。そうすることで、書き出した目標が「ぶっとんだ目標」に近づき、スムーズに行動に移すことができます。

夢や目標を実現したゴール場面のイメージが不鮮明なまま、強引に言葉にすると、先延ばしを撃退できないことが多いです。

脳は、「言葉」だけでは動きません。脳は、「イメージ」と「言葉」で動くのです。だから、目標も「言葉レベル」だけでは不十分なのです。

もしかしたら、この「イメージする」のが苦手な人もいるかもしれません。そこで、イメージするのが苦手な人でもよりリアルにゴールを描ける方法を2つご紹介します。

1　ストーリーにしてみる

あなたを主人公にして紆余曲折を経てハッピーエンドで終わる映画をつくるとしたら、どんな筋書きにしたいですか？　目標について考えていてもワクワクしないとしたら、あなたの目標にストーリー性を追加してみてください。

ストーリーとは、あなたが目標を達成するためのプロセスであり、それを持つことで目標はより鮮明かつ魅力的になります。

「ストーリーをつくる」といっても、あまり難しく考えなくても大丈夫です。あなたの好きな昔話を参考にしてみてください。

桃太郎、金太郎、かぐや姫、花さかじいさん、西遊記、三匹のこぶた、みにくいアヒルの子、シンデレラなど、あなたが子どものころに「いいな」と思ったストーリーを参考にするのがベストです。

ストーリーは、「①はじめ　②なか　③終わり」の三部構成でつくります。

① **はじめ**

「はじめ」とは、**今のあなたの悩みや課題**にあたります。あなたの現状を言語化してみてください。

シンデレラでいえば、「当初、シンデレラは継母や姉たちにいじめられ、みじめな生活を送っていました」が「はじめ」の部分です。

② **なか**

「なか」とは、**あなたが変化する「きっかけ」になる出来事**です。あなたの夢や目標が実現する「きっかけ」にあたる体験やイベントがあるとしたらどんなことでしょうか。

シンデレラでいえば、「ある日、魔法の力で舞踏会に参加したシンデレラに、王子様は心を奪われる。しかし、シンデレラは魔法がとける時刻の夜12時までに帰らねばならず、慌てていたため、お城の階段にガラスの靴の片方を落としてしまう。その靴のおかげでシンデレラは王子様に見いだされる」というのが「なか」の部分です。

③ 終わり

ストーリーの「終わり」、つまり目標を達成したとき、あなたはどんなことを味わいたいですか？ 「終わり」では**あなたにとっての「ハッピーエンド」を具体化します**。「ハッピーエンド」のゴールを考えるのが難しいときは、「どんな気持ち・気分」でいたいかを考えることからはじめてみてください。

シンデレラでいえば、「シンデレラは愛する王子様と結婚し、お妃として幸せな生活を送るようになりました」というのが「終わり」の部分です。

私のセミナーでは、今のあなたが描く未来とは違うストーリーをつくってもらいます。すると、その瞬間、違う未来へぶっとぶことができます。あなたの目標にストーリー性を追加するだけで、楽しい気持ちで「ぶっとんだ目標」をどんどん立てられるようになります。

2 あなたの願望を絵や写真のコラージュ、動画にしてみる

ゴールイメージは、絵や写真が加わると、さらにリアルなものになります。雑誌やパンフレット、インターネットなどから、あなたがいいなと感じる画像や写真を集めてみてください。そして、集めた素材をノートに貼ってもいいですし、ビジョンボードのような形で壁にかけておいて日々眺めるのもいいでしょう。

たとえば、「ハーバード大学にビジネス留学して、世界中の次世代リーダーと堂々と議論したい」という目標を掲げた人であれば、ボストンの街並みやハーバード大学の校舎や教授、学生の写真などを探して貼っていくのです。卒業式の写真でもいいです。

絵や写真を探すときは、「目標を達成している場面」に近いものを探します。

また、複数枚の写真を撮ったものを動画にして、ちょっとした空き時間や通勤時間に再生するのも、イメージの具体化に役立ちます。

絵や写真、動画を使うことで、ゴールイメージが明確化し、**「いつ、どんな場所で、どんな人と、どんなことをしているのか？」**を、**白黒よりもカラーで、音、におい、身体の感覚、姿勢、呼吸、気分などを思い描く**ことで、よりリアルなイメージになります。

すでに目標を実現している人に会いにいく、調べる、話を聞くなどするのも、よりリアルに感じる手助けになります。

「ぶっとんだ目標」を立てると、先延ばしを撃退できます。重ねていいますが、「ぶっとんだ目標」はイメージファーストがポイントです。

ぶっとんだ目標を目的にしてはいけない

「ぶっとんだ目標」を立てるうえでもう1つ、大切なことがあります。それはぶっとんだ目標を目的にしてはいけないということです。

なぜなら**目標は手段にすぎない**からです。

目標とは、目的を達成するためのステップ、あるいはプロセスです。

あくまでも、「目的」を達成するために目指すべき行動やその道筋を示したものが「目標」なのです。

ぶっとんだ目標を立てると、当然実現までに時間がかかります。かかる時間が長ければ長いほど「なんのためにやっているのか？」という目的を見失うことも多いのです。むしろ、手段にすぎない目標に縛られ、目標の奴隷になってしまう危険性さえあります。

あるとき「本当にやりたいことを見つけたい」と、私のところに相談に来られた経営者の方がいました。その方は、スポーツカーを購入されたそうです。カタログを見たり、そのスポーツカーが走っている動画を見ていたりするときは、最高にワクワクしていたそうです。

ところが、実際に憧れのスポーツカーを手にしたら、「あれ？　なんだかしっくりこない。自分が期待していたのと違う」となったのです。結局、憧れの車を買ったものの期待していたほどの感動もなく、半年もたたないうちに車を手放してしまったとのこと。

今まで、「あのスポーツカーに乗りたい！」という明確な目標があったからこそ、会社の経営も頑張ってきたのに、今はなんだか気が抜けてしまって、今後の人生の方向まで見失ってしまったような気がします……ということで、私のセッションに申し込まれたのでした。
これはこの方にかぎった話ではありません。
私は過去に多くの方の目標実現をサポートしてきました。
なかには、

- オリンピックで金メダルをとりたい
- 全国大会で優勝したい
- ベストセラー作家になりたい
- 女優として活躍したい
- トップモデルになりたい
- 業界ナンバーワンになりたい
- 地域ナンバーワンの店にしたい
- 自分の店を全国展開したい
- 海外からも声のかかる講演家になりたい

- 独立起業したい
- 海外移住したい
- ヘッドハンティングされて転職したい

など、さまざまな目標を持った方がいらっしゃいました。

これらは、すべて**「目標」であって、「目的」ではありません。**

先延ばし自体は、「ぶっとんだ目標」を立てれば撃退することができます。でも、ぶっとんだ目標を立てただけでは、先延ばしは撃退できても、さきほどの経営者のように「あれ？　ぶっとんだ目標は達成したのに、なんだかしっくりこない」となってしまう可能性があります。

ではそうならないためには、どうしたらいいのでしょうか？

目標を立てた後に、

・その目標を達成することで、あなたはどんな未来を手にしたいのか？
・なぜ、その目標を達成したいのか？

を考えればいいだけです。

たとえば、オリンピックで金メダルをとりたいという目標の場合も、目的は人によってそれぞれなのです。

- 親孝行したい
- スポンサーを獲得して経済的に自立したい
- 注目されたい
- 応援してくれた人に恩返ししたい
- 競技人口を増やしたい
- 自己ベストを更新したい

など目的は人によってさまざまです。しかし、目的が明確になると、「本当はどうしたい」というぶっとんだ目標をつくるうえで、より自分の本心があふれ出てくるとともに、目標達成に近づいていく一つひとつの行動を判断、決断するとき、心がブレなくなります。つまり、目的に照らし合わせて、すぐに選び、行動できるようになるのです。

とはいえ、難しく考える必要はありません。目的というのは、その人の価値観に根ざしたものです。価値観とは、あなたなりの判断基準や行動の指針。あなたが大事にしているものを指します。つまり、**あなたが大事にしていることを知ることで、目的は明確になり、目標はさらにブラッシュアップできます**。

では、自分が大事にしていることを探すにはどうしたらいいのか？

私は目標実現の専門家としてたくさんの人をサポートしてきました。その経験から、人間の価値観は大きく左の3つに分類できると考えるようになりました。

あなたは、優先順位をつけるとするとどうなりますか？　1番目はこれ、2番目は

3つの価値観

1 人とのつながり	・お客様から「ありがとう」と言われる ・チームのみんなでやりとげる ・上司から認められる ・同僚や部下から一目置かれる ・ご縁が広がる ・笑顔が広がる
2 達成感	・数値目標達成 ・新記録達成 ・企画通過 ・商談成立 ・資格取得 ・昇進、昇級
3 技術の追究	・独創性、オリジナリティ ・スキルアップ、技を磨く ・徹底的な探究、極める ・技術開発、研究、改善

これ、3番目はこれ、とまずは仮でいいので順番を深めるところからはじめてみてください。あなたが過去に嬉しかった、やりがいがあった、充実感があった場面を思い出していくと、次第に見えてくるはずです。

自分の価値観を知り、目的を明確にすることでぶっとんだ目標をよりイメージしやすいものにしましょう。

6つの分野でぶっとぶ

「ぶっとんだ目標を考えはじめると、両手では収めきれない数になりました！」

こういった方も見受けられます。それはとてもいい傾向だと思います。それだけ自分に抑制をかけていたわけですから、あなたの「本当にやりたいこと」をどんどん書き出していきましょう。

「ぶっとんだ目標」を書き出し終えたら、次に、アイデアを精査する必要があります。書き出したものを次の６つの項目別に分類してみましょう。

ぶっとんだ目標　6つの分類

1 仕事・社会貢献

- 発明して特許をとる
- 非営利団体を立ち上げる
- 社長になる

など

2 お金・モノ

- ポルシェに乗る
- 年収3000万、資産1億円
- 乗りたいときに、躊躇せずにタクシーに乗れる

など

3 時間

- 週に2回は家族と夕食をとる
- 毎日1時間は自分の趣味に没頭する
- 毎朝5時に起きて勉強＆ランニング

など

4 人間関係

- 異業種交流会を主催する
- エーゲ海クルーズに親子一緒に行く
- 理想の人と結婚する

など

5 心身の健康

- ピラティスをはじめる
- 毎朝15分マインドフルネス瞑想を実践
- 二十歳のときの体型＆体重になる

など

6 学び・趣味

- フルマラソンに参加する
- 将棋で初段に挑戦する
- 英検1級をとる

など

もしかしたら、「これは、人間関係と心身の健康のどっちに分類したらいいのだろう?」「これは、どの項目にもあてはまらなさそう」などと、分類に迷うことがあるかもしれません。

分類に「正しい・正しくない」はありませんので、迷ったら感覚で分類してもらってかまいません。ここでは、目標を正しく分類することがゴールではありません。**目標が仕事だけ、プライベートだけ、などと偏らないために分類する**のです。

6項目に分類してみて、どんなことに気がつきましたか?

仕事の項目がほとんどで、他の項目に分類できたのは数個しかなかったという人、心身の健康に分類できるものがまったくなかったという人、全体的にしっくりこないという人など、さまざまでしょう。

これは最終目標ではありません。分類してみた結果に満足できるものではないからといって、がっかりする必要はありません。

この6分類は、「現在のあなたの興味関心がどこにあるか？」を計るバロメーターの一つです。今、仕事がのっているという人は1の「仕事・社会貢献」の項目が多いでしょう。また、出会い、ご縁、人間関係に恵まれている人は4の「人間関係」の項目が多かったりします。各項目について、数が多ければよくて数が少ないのはよくない、ということでもありません。

ただ、数が少ない項目については、それだけあなたの興味関心が薄いということです。逆にいえば、その項目については伸びしろがあります。そして、数が多い項目については、あなたが関心のある分野だということもできます。

大事なのは、今までの「過去」がどうだったかではなく、**これからの「未来」に向けてどうしていきたいか**です。

まずは、目標の数が明らかに足りないところについて、あなたの「やりたいこと、欲しいもの、達成したいこと、味わいたい気分」などを思いつくままに紙に書きましょう。

もしまったく思いつかないときは、「絶対やりたくないこと、イヤなこと、避けたいこと、欲しくないもの、二度と味わいたくない気分」など、イヤなことを書き出すことからはじめます。そのあと、逆の表現にすることでやりたいことを見つけやすくします。

目安として、各項目別に15個以上やりたいことがあがったら、次のステップに進みましょう。各項目ごとに、「これは絶対達成したいな」「これが実現したらすごく嬉しいな」というベスト3を選ぶのです。

7つの質問でぶっとんだ目標を育てる

各項目の目標ベスト3が出そろいました。眺めてみて、どんなことを感じたり、考えたりしていますか?

もしかしたら、「すごくしっくりきた」という人もいれば、自分の本当にやりたいことや、自分で書いた目標があまりに平凡で、がっかりした人もいるかもしれません。

しかし、一度に目標を決めようとしなくていいのです。ぶっとんだ目標が出ないことでガッカリしたり、「自分には無理かも」と落ち込んだりする必要はありません。

今ある目標を「前線基地」だと思ってください。

ここからは、ほふく前進しながら、一歩ずつ着実に目標を磨きあげていくというイメージを持ってほしいのです。目標をブラッシュアップしていくと、気づいたらとんでもなくぶっとんだ、壮大で魅力的な目標にたどり着いてしまいます。

あなたの一生を決めるような目標だとしたら、1時間かけて見つからなくても、ある意味、当然なのです。1日費やしたのにしっくりこなくてもガッカリしてそこで追求することをやめないでほしいのです。

チープで浅い無難な目標は求めていないはず。ここで焦ってはいけません。

そこで**7つのブラッシュアップ方法**をご紹介します。

もし「しっくりこなかった」という人はこの方法で今書き出したぶっとんだ目標をコツコツ磨いていきましょう。

ただし「ぶっとんだ目標が見つからないかぎり行動しない」というのはやめましょ

7つの質問

1	目標が実現したら、次はどんなことを実現してみたい？
2	その目標を実現することで、どんな価値を感じたい？
3	絶対失敗しないとしたら、どうしたい？
4	絶対成功するとしたら、どうしたい？
5	もし今日が人生最後の日だとしたら、何を後悔しそう？ そうなりたくないなら本当はどうなっていたらいい？
6	あなたの理想の人だったら、どうしていると思う？
7	ぶっちゃけ、本当はどうしたい？

う。目標設定が新たな先延ばしの原因になるだけです。

目標のブラッシュアップは「今日寝るまでで可能なかぎりベストなものをつくる」ということに留めてください。時間で一度区切り、そのときのベストなぶっとんだ目標に近づくように行動しましょう。

第2章

驚くほど行動力が高まる

行動イノベーションノートで大革新

2章を読む前に

ここまで読んでみて、先延ばし撃退のイメージはわいてきましたか？　あなたの先延ばしを撃退できそうですか？

今から、たった3分で先延ばしを撃退する方法を紹介します。

1日1ページ、あなたの考えていることや感じていることを文字化するだけで、先延ばしがぐんぐん減ります。

先延ばしを減らすためには自分を映し出す鏡が必要です。

あたかも朝起きて、寝癖をなおすようなアクションが毎日必要なのです。今の状態を鏡で見て知って、癖がついているところをちょっと濡らして、ブラッシングするのです。

先延ばしも一種の癖です。自分にはどんな思考と感情の癖＝パターンがあるのかを知り、それをなおせばいい。日々なおしていても、また新しい癖ができます。それを日々整えていけばいいのです。

その鏡になるものが「行動イノベーションノート」です。

寝癖だけではありません。鏡を見れば、疲れが溜まっているかどうか、肌の状態はいいのか、上り調子なのか下り調子なのかなど、いろいろなことがわかります。

毎日の行動イノベーションノートの習慣が、あなたの状態を整え、先延ばしをせず、本当にやりたいことを実行するための準備や調整を行ってくれるのです。

行動イノベーションノートが先延ばしをなくす最強のメソッドです。

では、さっそくはじめましょう。

目標に向かって行動したくなる「行動イノベーションノート」

前章で紹介した「ぶっとんだ目標」、この目標を北極星のように指針にすることで毎日の先延ばしを撃退できるようになっていきます。

しかし毎日の生活や仕事の変化のなかでは、立てた目標を見失ってしまったり、ブレることもあります。

そこで私が提唱しているのが**「行動イノベーションノート」**です。

毎日、たった3分の習慣が、気持ちをワクワクさせ思わず行動してしまうあなたに変えてくれるのです。

大切なことはノートに書き続けることです。どんな紙に書いてもいいのですが、ノートにすると一覧性があるので、振り返りしやすくなります。

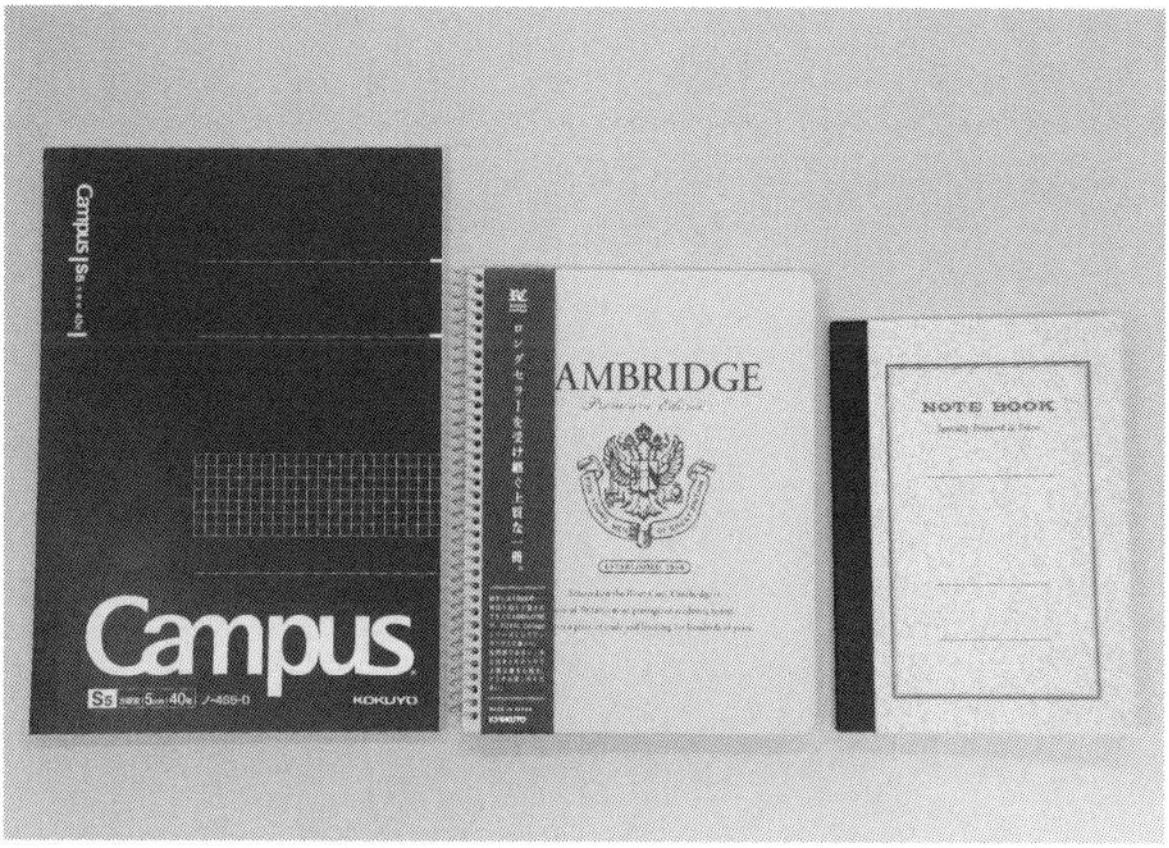

自分の好みにあったノートを選ぼう

ノートは1日1ページ、2日で見開き1ページ使います。また毎日決まった時間と場所でノートを書くことも大切です。

とくに私がオススメしているのは、「朝」の時間、それも仕事や家事など毎日やるべきことに思考が阻まれることがない時間を有効に活用することです。

夢を実現する人の多くは、「自分にとって大切なこと」を考える時間を、仕事を始める前に確保しています。

人間の脳は、眠っている間に情報を処理するため、朝いちばんは脳が、未処理の情報がないフレッシュな状態になっています。そして、朝は脳のなかにまだ処理しなければならない情報が蓄積されていないため、疲れていない状態でもあります。つまり脳がいちばんクリアなこの時間帯を、あなたの人生にとっていちばん大切なことに使うのがいいのです。

さらに、人間の脳は無意識のうちに1日で7万回も思考しているといわれています。つまり、**朝いちばんで行動イノベーションノートを書くことで、1日のすべり出しをクリエイティブな状態でスタートできる**のです。すると7万回の思考も「ぶっとんだ目標」の実現に近づく方向で統一されやすくなります。

まず、起床直後から仕事開始前までの毎朝3分、時間と場所をあらかじめ決めておきましょう。

- 朝の歯磨き後のリビングのテーブル
- 朝食後の食卓
- 通勤電車のなか

- 出社前の会社近くのカフェ
- 出勤直後の自分のデスク

などがオススメですが、あなたにあった場所を見つけてみてください。

ある一つの行動を習慣にするために多くの成功者が実践している方法は、**その行動を「自分の好きなこと」や「日常のルーティーン」に関連付けること**です。

たとえば「今年中に資格を取得したい」と考えていても、日々の仕事や娯楽などに時間を使ってしまって資格試験の勉強が先に進まないとします。

そんなときは、あなたが近所の落ち着いたカフェでコーヒーを飲むことが大好きであれば、資格試験の勉強とお気に入りのカフェを結びつけてしまうのです。そのカフェに行ってお気に入りのコーヒーを飲みながら、やるべき資格試験の勉強をしてしまうのです。

美味しいコーヒーはあなたに「快」の感情を与えてくれます。すると、これまで先延ばしにしていた資格試験の勉強も「快」をもたらすものという認識に変わっていきます。そうすれば資格試験の勉強が「楽しみながらできるもの」となっていくのです。

「日常のルーティーン」に関連付けるといっても難しいものではありません。

たとえば、TOEICのテストに向けて頑張っているのであれば、「朝、トイレに入ったときには必ず1つ英単語を覚えて出てくる」「お風呂で英会話のCDを流してシャドーイングしてみる」といったことを組み入れるのです。

トイレや歯みがき、お風呂のような行為は毎日欠かすことのないものです。**新しい行動をはじめるときには、今、習慣化されている行動に結びつけると定着しやすい**のです。

ぶっとんだ目標をノートのはじめに書きましょう

行動イノベーションノートを作成するうえでまずやるべきことは、前章で書き出したぶっとんだ目標を、ノートの1ページめに書いていくことです。目標ページをつくるのです。

目標はノートに書くことで、より「客観視」できるようになります。文字化することで、自分自身と対話しやすくなるのです。

書く際のポイントは3つあります。

ポイント1　目標が偏りすぎないように6分野に分類する
ポイント2　あなたの価値観の優先順位を確認する
ポイント3　象徴する写真を貼るか、絵を描く

花の種も、植えっぱなしで自動的に芽吹くわけではありません。種が発芽して成長し花が咲くには、水やりや手入れが必要です。目標という種も、まいて終わりではなく、日々の手入れが必要です。

といっても、それほど大変なことはしなくて大丈夫なので、安心してください。**毎朝、目標ページを眺めることで、目標を育てていけばいい**のです。

そして、随時、目標を追加したり、修正したりしてバージョンアップしていくのです。

見返してワクワクする「目標ページ」をつくる

次に**「目標ページ」に描いたイメージを、さらに強くしていく材料を集めてみましょう。**たとえば、ダイエットに成功して、自由が丘のブティックで今よりも小さめのおしゃれな服を試着して、いい気分で週末を過ごしたいと思っているのであれば、自由が丘のおしゃれな街並みを紹介している動画などを見て「ああ、ここを歩いて素敵なお店に入るのか」と、イメージを高めていくのです。

あるいはＴＯＥＩＣで８００点をクリアして、海外営業担当となり、世界中を飛び回るような仕事をしたいと思っているとします。その場合、ＮＨＫのビジネス英会話などを見て英語でビジネスプレゼンをするイメージを高めていくのもいいでしょう。また、カナダに出張に行きたいのであれば、取引先のバンクーバーの外観写真を集めてみてもいいです。

目標ページ

1 仕事・社会貢献

・2枚目の名刺を持つ
・自分の本を出版する
・日本代表になる

2 お金・モノ

・競走馬のオーナーになる
・ファーストクラスで家族旅行をする
・クルーザーを所有する

3 時間

・毎年2週間の長期休暇をとる
・年間100本の映画を観る
・会社から15分圏内の場所に住む

4 人間関係

・1年かけて家族で世界一周する
・地域のボランティアに参加する
・小学校の同窓会の幹事になる

5 心身の健康

・腹筋を6つに割る
・トライアスロンをはじめる
・マクロビオティックを学ぶ

6 学び・趣味

・ドイツに短期留学する
・インドで本格的なヨガを習う
・大学院で、MBA取得

「目標ページ」だけでなく、その他にも自分のための「その気」を高めるような写真や映像、音楽などを集めておいて、そのつど触れてみるのもいいでしょう。

誰かの成功談を読むのも気持ちをワクワクさせる方法としては非常に有効です。その際、「成功したことで何が変わったか？」という部分に注目するのがとても重要です。その話のなかでのビフォー・アフターのアフター部分です。

たとえば、あなたが資格試験の勉強の先延ばしをやめたいとします。その場合は、ブログなどで資格試験の勉強を公開している人や、その資格を使って成功した人の体験談を読んでみることです。

「資格試験の勉強を通してすごく自信がついた」
「社内で自主勉強会をはじめた」
「社外の人とのネットワークができた」

など、かれらのアフターには、勉強のやり方などの方法論だけでなく、あなたの「感情」が共感できるアフターが載っているはずです。実際に成功した人のそのときのリアルな感情や思いに触れられれば、心のワクワクはより一層高まるはずです。

目標ページを書き終えたら、次はデイリーページをつくっていきます。

たった3分 行動イノベーションノートのはじめ方

毎日書くデイリーページの書き方はノート半ページに縦横均等に線を2本引くだけです。それから、次の1〜6までの手順がありますが、たった3分で終わる習慣です。

❶ 昨日1日の、嬉しかったこと・感謝したいこと・よかったことを3つ、左上に書く

❷ 3つ書いてみて、改めて気づいたこと・感じたことを右上に書く
ここまでで1分です。慣れない間はストップウォッチで計ってみてもいいでしょう。

❸ 目標ページを10秒眺める

❹ 「今日1日、目標実現のために本当はどうしたい？」と自問し、何がしたいかを

思いつくままに左下に書く

「何がしたいか」を確認できたら、今日の終わりの理想の状態を想像してください。ここまでで2分です。

❺ 各やりたいことに対しての10秒アクションを右下に書く

10秒アクションプランを立てましょう。理想の自分に向かって具体的にチャレンジしたいことを書いていきましょう。ここまでで3分です。最後は、

❻ 随時、10秒アクション、またはやりたいことが完了したら赤ペンなどで線を引いて消していく

となります。では一つずつ説明をしていきます。

❶ 左上のスペースに昨日1日で、嬉しかったこと・感謝したいこと・よかったことを3つ書く

昨日の振り返り事項は、仕事に限定せず、プライベートのことでもなんでもＯＫです。「昨日1日を振り返ってください」というと、反省という名のダメだしをする人が多いのですが、ここでは**肯定的な振り返りをするのがポイント**です。

一度ダメだしをはじめると、自分のできていないところやダメなところばかりに目がいってしまいます。否定的思考を1つ2つすると、芋づる式に否定的事柄を思い出すからです。

すると、「どうせ自分にはできない」「挑戦するだけ無駄」などと考え、先延ばし撃退が難しくなってしまいます。

これに対して、プラスに思えることが1つ2つ出れば、芋づる式にするすると肯定的事柄が出てくるようになります。

ほんの少しでも自分ができていることがわかると、「自分にもできるかも」「次はこうしてみよう」などと、次に進むアイデアやエネルギーが湧いてきます。

この**肯定的思考習慣をつけるためのシンプルメソッド**が、1日を振り返って、「嬉しかったこと・感謝したいこと・よかったこと」を3つ書くということです。事の大小は問いませんので、どんな小さなこと、些細なことでもいいので、プラスのことを思い出すことからはじめてみてください。

本当にツラいときや調子が悪いときは、「いいことなんて何もなかった」と思い込みがちなので、なかなか出てこないかもしれません。

そういうとき、私のサポートしているクライアントさんのなかには

- アイスクリームが食べられた
- LINEで友人からメッセージがきた
- 電車で座れた

といった「ちょっとしたこと」を思い出すようにしている方もいれば

- コンビニがあるおかげで夜中に果物を食べられた
- 掃除してくれる人のおかげで会社のトイレを気分よく使えた
- 道端に咲いている花がキレイで癒された

といった当たり前のことに感謝するようにしている方もいます。

このような肯定的な振り返りを日々実践するようになると、思考習慣の変革がはじまります。

プラス思考とマイナス思考、人には傾向性がありますが、同じ事柄でも、肯定的に捉えたほうが行動につながります。つまり、肯定的に思考する習慣を持つ人のほうが先延ばしを撃退しやすいのです。

否定的思考をすると、人のせい、環境のせい、才能のせい、など今の自分では変えられないことを原因にしてしまいがちです。そうすると努力の余地がないように思えて、行動から遠ざかってしまうのです。

もしかしたら、

- 自分は生まれつきマイナス思考だからプラス思考に考えるなんて無理
- いつも批判や否定をされる環境で育ったから肯定的に捉えるのは難しすぎる
- 長年ネガティブ思考だったから今さら肯定思考をするなんてできない

そう思われた人もいるかもしれません。

ですが、肯定的思考も否定的思考も「同じ事柄をどの角度から見るか」という立ち位置や視点の違いにすぎません。

だから、あなたも意識して練習すれば、いつからでも変えることができるのです。

「どうしても肯定的に捉えられず、無意識レベルで否定してしまう」という人には、秘策があります。私のクライアントさんで「ミス不機嫌」と呼ばれていた方がいました。そんな超ネガティブ思考の人でも克服できた方法です。

それは、**事実を「ありのまま」ニュートラルに捉えられるようにする**こと。

ものごとを、期待や評価、感情抜きに「ありのまま」に捉えることができると、肯定的・否定的どちらの方向に反応したり、解釈したりするかを自分で選べるようになります。

たとえば、半分まで進んだ目標に対して、「半分も進んだ」、「半分しか進んでいない」と主観が入る前に、「目標は半分まで進んでいる」とニュートラルに現状を捉えられれば、意識的に肯定的な解釈を選択できるようになるのです。

❷ 左上に3つ書いてみて、改めて気づいたこと・感じたことを右上のスペースに書く

自分の思考や感情を書き出すことは、頭のなかの「見える化」になり、気持ち的にもスッキリします。

さらに、書くことは一度自分の考えを手放すこと、だから自分と対話したり、客観的に分析できる効果があります。自分の書いた文字を冷静に眺めることで、**自分の感情や思考、行動を客観的に分析する**ことができるようになるのです。これを「メタ認知」といいます。

行動イノベーションノートでは、誰でも簡単に「メタ認知」を実践できるように、あえて2度振り返りをしてもらっています。この「3つ書いてみて、改めて気づいたこと・感じたこと」を書くという2度目の振り返りをすることで、誰でも「メタ認知」ができるようになります。

この**「メタ認知」に正解・不正解はありません**。ただ、あなたが感じたことや考えたこと、あるいは日頃あえて言葉にはしないけれど頭のなかに浮かんでいる考えや気持ちをそのまま書けばいいのです。

日頃、周りの反応や空気を読むことに慣れている人にとっては難しいかもしれません。ですが、このノートは他人に見せたり、評価・批判されたりするものではありません。なので、安心してそのときのあなたの本音を書いていいのです。

頭のなかに流れている自分の感情や思考をアウトプットすること。これが大事なのです。

ともすれば、情報爆発の時代、スマホやパソコンや各種メディアから大量の情報を受け身でインプットしているだけとなりがちです。そこで、バランスをとるためにもアウトプットしましょう。アウトプットすることで、イヤな感情を忘れることもできますし、頭も気持ちもスッキリさせることができるのです。

③と④　目標ページを10秒眺めてから、左下のスペースに「今日1日、目標実現のために本当はどうしたい？」と自問して出てきたことを、思いつくままに箇条書きする

目標は立てて終わりではありません。さきほど述べたとおり、せっかく立てたあなたのぶっとんだ目標を育てていくためにも、毎朝10秒でいいので目標ページを眺める時間を確保しましょう。

これを「未来アンカリングタイム」といいます。未来に向かって錨を下ろして今の自分がそこに向かっている姿をイメージします。ワクワクして、「その気」になってきませんか？

未来アンカリングタイムは、「その気」になった状態＝目標を実現した自分を毎日イメージする時間です。このときに、新しいアイデアやさらに魅力的な目標ができたら、随時、書き足していきます。

左下に「今日1日、目標実現のために本当はどうしたいか」を書いていくときのポイントは、「すべきこと」「しなければならないこと」ではなく、「目標実現のためにあなたがやりたくてたまらないこと」を思いつくままに書くこと。

行動イノベーションノートは、未完了の仕事をやっつけるためや、あなたを義務感に縛りつけるためのものではありません。**先延ばしを撃退して、あなたにとって本当に大切なことをして、夢や目標を実現するためのノート**です。だから、現実的にすべきことは一旦脇に置いてOKです。

日々、義務感、責任感に追われている私たちは、うっかりすると、すべきことだけを書いてしまうので要注意です。

行動イノベーションノートの習慣が続かない原因は、意志が弱いからでも、朝に弱いからでも、ぐうたらだからでもありません。本当の原因は**ノートを書いても楽しくないから**です。

「今日すべきこと・しなければならないこと」ばかり考えていたら、ノートを開くたびにうんざりして、そのうちノートを開きたくなくなってしまいます。

だからこそ、あなたがやりたいこと、実現したい目標のことなどを考えて書き出す時間にしてください。すると、毎日行動イノベーションノートを開くことが楽しみになって、自然と習慣化していきます。

「今日、何がしたいか」を確認できたら、今日の「勝手にマイベスト3」を妄想してみるのもオススメです。
- 今日、あなたがやりたいと書き出したことすべてを実行できたとしたら、1日の終わりをどんな気持ちで迎えているだろう?
- 今日が過去最高の1日だとしたら、どんな1日になるだろう?

これらを考えてみるとイメージが明確になります。

さらに、目標ページは**ちょっと笑顔をつくって見る**ようにしましょう。なぜなら、態度や表情は感情に連動しているからです。ただ見ているだけではいけません。

「職場や電車など人がいるところでニコニコと笑いながら紙を眺めるのは抵抗があります……」という人は、トイレなどの個室にこもって行うのもアリです。

ポイントは、口角をあげた「ちょっと笑顔」です。目安として1ミリあげます。

自然な笑顔でなくても、笑顔に似た表情を強制的につくると感情もポジティブになる。これは、ドイツのマインハイム大学のステッペル博士の研究をはじめ心理学的にも証明されていることです。

また、人間の目の動きは脳の働きと密接に関係していて、下を向くと思考が過去に向かったり、マイナス感情を思い出し、上を向くと思考が未来に向かい、プラスのイメージを描きやすくなるといわれています。

ですから、今日一日の明るい展望を描くときには、上を向くということもぜひ意識してみてください。

❺ 各やりたいことに対しての10秒アクションを右下のスペースに書く

10秒アクションとは、私が提唱しているとてもシンプルなメソッドで、**毎日10秒、何か「自分の望む姿に近づくためのアクションをとる」**ということです。

人間の脳は、変化を嫌うという性質がある半面、ちょっとずつなら変化を受け入れられるという性質も持っています。

10秒という小さな行動であれば変化を嫌う脳でも対応できます。

10秒でどれくらいのことができるのか思いつかない人もいるかもしれません。

でも、10秒は、あなたが思っているよりもたくさんのことができる時間です。

たとえば、

- 職場の同僚に「ありがとう」と言う
- 会話中、声を出して笑ってみる

- 気づいたことを付せんに書く
- 資格試験に関する本をカバンのなかに入れる
- 仕事に関する本を一行だけ読む
- ゆっくり深呼吸する
- 自分のデスクをサッと拭く
- パソコンのゴミ箱を空にする
- 企画書のタイトルを書く
- メールの返信の1行目だけ書く……

どうですか？　これならできると思いませんか？

10秒試してみて、スムーズにいくのであれば10秒といわずそのまま続ければよいのです。もしうまくいかなかった場合は、たった10秒ですから、すぐに別の方法を試すこともできます。

10秒という時間はとても短い。だからこそ簡単に行動が起こせる。だから、**とにかくすぐやれそうなアクションを考える**ことが大切なのです。

その行動は「自分が本当はやりたいこと」を実現させる小さなことでいいのです。望む姿は明確になったけれど、それに近づくためには自分が苦手な作業が伴うのであれば、

- 「その作業について書かれた本を買う」、と付せんに書いて机に貼る
- インターネットで他人のやり方を検索してみる
- 本屋さんで作業のやり方が書かれた本を手に取ってみる

でいいのです。重要なことは、小さなことであっても、立てた目標に向かって進むこと。

10秒アクションでは目標に向かった小さな一歩目をつくることが大切なのです。

10秒アクションといわれても、ピンとこない人もいるかと思います。果たしてどこまでの行動を10秒アクションと捉えればいいのか。

10秒アクションは小さく分割することで行動しやすくする効果もありますが、**気分をスッキリさせるために行う行為でもあります**。

たとえば、将来的に今とは別のことをして生活したいと強くイメージしたとします。そのためにとった10秒アクションが深呼吸だったとしたら、どう思いますか？

深呼吸と「ぶっとんだ目標」に何の関係があるのか、と思うでしょう。

しかしここではあまり深く考えなくてもいいのです。その行為は後から振り返ったとき、意味を持ちはじめるからです。

10秒アクションに大切なことは「ぶっとんだ目標」との明確な関係性ではないのです。そうしたつながりよりも、深呼吸をして1日をいい気分ではじめる、といったスッキリとした感覚のほうが大切なのです。「いい状態」が「いい結果」につながっていきます。

デイリーページの書き方

1 昨日1日で・ うれしかったこと・ 感謝したいこと・ よかったことを書く	**2** 改めて、 どう感じたかを書く
3~4 今日1日、 本当は どうしたいかを書く	**5** 10秒アクションを 書く

❻ 随時10秒アクション、または、やりたいことが完了したら赤ペンなどで線を引いて消していく

自分の行動に対して、すぐにフィードバックを受けると、その行動を続けるモチベーションがさらに上がります。

たとえば、ＬＩＮＥはスタンプや短いメッセージなどで相手からの反応が早く来るので夢中になるわけです。フェイスブックも、投稿するとすぐに「いいね」という反応が来るので、多くの人が毎日投稿し続けられるのです。

この即時フィードバックを行動イノベーションノートでも活用することで、モチベーションを高めることができるとともに、目標実現のための行動を楽しく続けることができます。

その方法は、**実際に10秒アクションをしたら赤ペンなどを使って線を引く。** たったこれだけでモチベーションは上がっていきます。

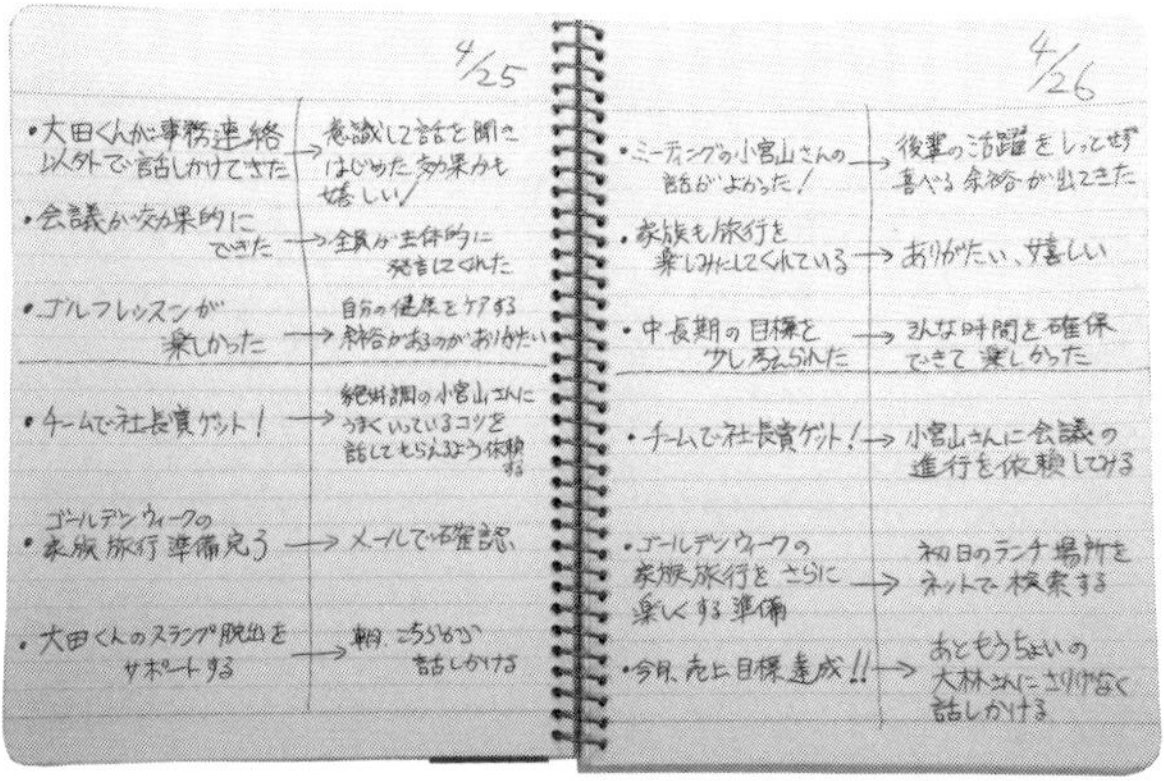
4/25
・大田くんが事務連絡以外で話しかけてきた → 意識して話を聞きはじめた効果かも嬉しい!
・会議が効果的にできた → 全員が主体的に発言してくれた
・ゴルフレッスンが楽しかった → 自分の健康をケアする余裕があるのがありがたい
・チームで社長賞ゲット! → 絶好調の小宮山さんにうまくいっているコツを話してもらえるよう依頼する
・ゴールデンウィークの家族旅行準備完了 → メールで確認
・大田くんのスランプ脱出をサポートする → 朝、こちらから話しかける
4/26
・ミーティングの小宮山さんの話がよかった! → 後輩の活躍をしっとせず喜べる余裕が出てきた
・家族も旅行を楽しみにしてくれている → ありがたい、嬉しい
・中長期の目標を少し考えられた → こんな時間を確保できて楽しかった
・チームで社長賞ゲット! → 小宮山さんに会議の進行を依頼してみる
・ゴールデンウィークの家族旅行をさらに楽しくする準備 → 初日のランチ場所をネットで検索する
・今月、売上目標達成!! → あともうちょいの大林さんにさりげなく話しかける

実践者の行動イノベーションノート

このように**達成したことを「見える化」することは自己肯定感をあげる**という点で非常に大切です。赤ペンで線を引くことで、小さな達成感を味わうことができます。そして、自分で決めて書いた「10秒アクション」を実行することで小さな自信を積み重ねていけるのです。

夜バージョンの習慣があれば最強

実は、私自身は寝る前にも行動イノベーションノートを書いています。寝る前に目標を再インストールするようにしているのです。

脳というのは眠らないので、睡眠直前の状態、イメージを繰り返し再生するという特性があります。つまり寝る前に行動イノベーションノートを書けば、眠っている間も目標達成に近づいているといっても過言ではないのです。

そうはいっても、新しいことを行うわけではありません。朝に行うことを夜も行うだけです。つまり、

1　左上のスペースに「今日1日で、嬉しかったこと・感謝したいこと・よかったこ

と」を3つ書く

2　右上のスペースに「3つ書いてみて、改めて気づいたこと・感じたこと」を書く

3　左下のスペースに「明日の勝手にマイベスト3」を妄想して書く
（ゴールイメージ、うまくいったイメージのまま眠りにつく）

4　右下のスペースに「明日の勝手にマイベスト3」を実現するための10秒アクションを書く

睡眠の前後は脳科学の世界では、ゴールデンタイムと呼ばれています。寝ている間にも脳が勝手に目標実現に向けて動いてくれているので、朝起きたときに、新しいアイデアが浮かぶことが増えるでしょう。ぜひ実践してみてください。

第3章

やりたいことを
実現しはじめる人が続々！

行動イノベーションノートの3つの実例

3章を読む前に

ここまで、「ぶっとんだ目標」と「10秒アクション」がどういったものかについてご説明してきました。

しかし実際の「ぶっとんだ目標」や「10秒アクション」がどの程度のレベルかわからないかもしれません。人によって簡単なことが難しく感じられることもありますし、その逆もあります。

ここでは、私のスクールやセミナーに参加された3人の方の実例をご紹介します。読んでいただければ、「ぶっとんだ目標」を立てることはとても簡単なことで、「10秒アクション」が容易で堅実なものであることがわかると思います。実際に行動イノベーションノートをはじめた3人の方々のノートには、それぞれの環境やその悩み、本当にやりたいこと「ぶっとんだ目標」、自分にあったアクションが書かれています。

ノートに書き出すことは難しいことではありません。3人の方のノートを通じて、どういったレベルでいいのか、感じてみてください。

行動イノベーションノートを書きはじめてワクワクして即行動開始……となるのがベストなのですが、なかには「ぶっとんだ目標」がまだよくわからない、という人もおそらく出てくると思います。

そんなときはまずは仮決めで思いついたことを目標にして、気軽に「行動」を開始してみてください。**「仮決め、仮行動」でよしとする**のです。

行動イノベーションノートの目標ページを最初からスラスラ書ける人はもしかしたら、先延ばしに悩んでいない人かもしれません。実際に行動してみなければ、自分の立てた「ぶっとんだ目標」が本物かどうかはわからないのです。

少しでいいので行動してみる。自分の書いた「ぶっとんだ目標」の内容がしっくりこなければ、書き直し、ブラッシュアップしていけばいいだけです。

まずは、気軽に、小さく動き出してみましょう。

Mさんの場合　《大手機器メーカー事務職、34歳・女性》

Mさんの環境は夜勤もある激務で、長時間労働が当たり前の状況でした。やりたい仕事というよりは、やるべき仕事が山のように降ってきます。トラブル対応、顧客対応中などは受け身状態の仕事が多く、仕事の波にのまれ、突然やってくるトラブル処理に巻き込まれる毎日でした。

率先して取り組んだら自分にだけ案件が集中して、ますます忙しくなるだけの仕事にうんざりしていたMさん。

面倒な仕事の押し付け合いばかりで、職場の誰もが貧乏くじを引かないよう気にしているイヤな雰囲気でした。

【Mさんの毎日】

- いい仕事をしても、同僚から牽制される
- 機械的に対応するだけだと心身ともにクタクタ

- この職場にいるかぎり、希望が持てない
- 本当は、仕組みを改善したい。けれど提案なんてできる雰囲気ではない
- 自分のやりたい仕事なんてできない

ぶっとんだ目標を立てよう

そこでMさんにはぶっとんだ目標を立ててもらいました。

現状は一度脇に置いて、もし制約がなかったら、どんな働き方をしたいのか、どんな仕事をしたいのか、まずは、会社の枠を外して考えてみました。

はじめのうちはMさんはなかなか目標を見いだせずにいました。

しかし、私がサポートしていくなかで、実は、はっきりと自分のやりたいことを持っていたことを思い出しました。業務に忙殺されるうちに忘れていただけだったのです。

【Mさんのぶっとんだ目標】

- 週末のうち1日は、家族と夕ご飯を一緒に食べる
- ドンヨリした空気の職場を改善して働きやすい職場づくりに貢献したい
- トラブル処理や問題解決ではなく、目標達成や夢実現をサポートする仕事に携わりたい
- 社内でトレーナーになりたい
- 社外コンテストに出場する同僚を応援したい
- 自分のカフェを開きたい

当事者であるMさんは、現在の状況では本当にやりたいことなど達成できないものと思い込んでいたのです。これではぶっとんだ目標を見いだすのは難しいです。

ぶっとんだ目標というのは、「そんなの絶対無理」と、今あなたが思っていることの中にあります。しかし、目標として文字化してみると「やっぱりやってみたい」と思えるものでもあるのです。

10秒アクションを実践

次に、Mさんには、ぶっとんだ目標、自分が本当にやりたいことに対して、今の会社・仕事・職場でできることをリストアップしてもらいました。Mさんは、リストアップしたものに優先順位をつけました。さらに優先順位の高いことに確実に取り組めるように、10秒でできる最初のアクションも決めてもらいました。

【Mさんの10秒アクション】

- 社内でトレーナーになりたい

↓同じチームの後輩の話を意識して聞いてみる。また同じチームの後輩に役立ちそうなやり方の提案を一つずつしてみる

- 社外コンテストに出場する同僚を応援したい

↓エントリーしている同期にメールする

まず、Mさんはぶっとんだ目標の実現のために毎日それを続けました。

3ヶ月後、**「絶望的な気持ちで、鬱々と働いていた日が遠い昔のような気がする。あの当時は、こんなに充実感を持って働けるとは思いもしなかった」**とMさん。自分のやりたい仕事を提案して、それが認められ成果が出て、さらに提案を受け入れてもらえているそうです。

まわりにはまだ、ストレスマックスの状態の人が多く、

「なぜ、あなただけそんなに自由にイキイキと働いているの?」
「最近がらりと雰囲気が変わって楽しそうに働いているね」

と、言われることもあるそうです。

そして、少しずつ、職場の雰囲気も明るくなってきているそうです。

Mさんの行動イノベーションノート

1 昨日1日で、嬉しかったこと・感謝したいこと・よかったこと

1 自宅で夕飯を食べられた

2 同僚がおいしいお菓子を差し入れしてくれた

3 改善策を1つ提案できた

2 改めて、どう感じた？

1 オンとオフの切替えが少しうまくなった

2 他のスタッフを思いやる人もいるのはありがたい

3 今まで提案もせずにあきらめていた。受け入れられなかったけど気分的にスッキリした

3 今日1日、本当はどうしたい？

1 社内トレーナーになるための布石を打つ

2 気持ちを込めて朝礼の話をする

3 より丁寧に報告書をつくる

4 10秒アクション

1 後輩たちをランチに誘う

2 第一声を元気よく

3 ワードを開く

Hさんの場合　《大手IT企業企画開発部門、29歳・男性》

Hさんは、事務処理部門での功績が認められ、企画開発部門に抜擢されました。ところが、Hさんは上司や周囲からの期待が高いのに、全然応えられないと落ち込んでいました。

「そんなことすらできないのか」「今まで何をやってきたんだ」「自分の頭で考えろ」と言われても、どう考えていいかわからない。どの方向に深めていったらいいかさえわからない。唯一わかっているのは、自分が期待された仕事をできていないことだけでした。

【Hさんの毎日】

- 目の前の案件を処理する（こなす仕事だけで時間を埋める）
- 「このままいったらまずい。本当は、自分から新しい企画を提案しなくちゃいけない」という思いにとらわれる

- 「せめて誰よりも長く働こう」と会社にいる
- 毎日終電で帰宅する
- お酒を浴びるほど飲んでも眠れない
- うたた寝で朝を迎える

ぶっとんだ目標を立てよう

こうした現状はいったん脇に置いて、Hさんは本当はどうしたいのか、自分のキャリアをどうしていきたいのか、考えてもらいました。

Hさんの場合、はじめのうちは「やりたいことや目標」がまったくといっていいほど出てきませんでした。そういった方もいます。

そこで、ご自身の今までのキャリアで達成できたことを振り返ってもらいました。

すると、自分にもいいところや得意なことがあることを思い出しました。

「そういえば、あの大きなプロジェクトにも関わらせてもらった」

「自分って、結構頑張ってきているし、捨てたもんじゃない」

そう思えるようになったのです。

さらに未来を描いてみると、「作家になりたい！」というぶっとんだ目標が出てきたのです。

【Hさんのぶっとんだ目標】

- 上司や同僚との距離を縮めたい
- 新しい価値を生み出す企画を提案したい
- 気分よく1日の仕事を終えたい
- 小説を書きたい

一見、今の仕事には何の関係もないことだったので、Hさん自身「本当にこんな目標を持ってもいいの？」と最初は心配になったそうです。それでも、やはり「作家になるって考えるだけで、ウキウキします！」とHさん。

10秒アクションを実践

Hさんにも、ぶっとんだ目標、自分が本当にやりたいことに対して、今の会社・仕事・職場でできることをリストアップしてもらいました。それからHさんは、リストアップしたものに優先順位をつけて1つずつ実行していっただけです。

【Hさんの10秒アクション】

- 上司や同僚との距離を縮めたい
  ↓自分から「おはようございます」の挨拶をしてみる
- 新しい価値を生み出す企画を提案したい
  ↓気になるキーワードを書き出してみる
- 気分よく1日の仕事を終えたい
  ↓よかったことを3つ書き出す
- 小説を書きたい

↓上司を主人公候補として、その人間としての喜怒哀楽を観察してみる

まず、Hさんはぶっとんだ目標の実現のために毎日それを続けました。するとあれだけ避けていた上司とも気軽に話せるようになり、飲みにいけるようになりました。

「仕事は相変わらず慣れなくてツラいときもありますけど、上司や同僚との距離が縮まったことで、**精神的にとてもラクになりました**」とHさん。

午前中の集中できる時間を、雑務で埋めるのではなく、重要な仕事に取り組めるようになったことで、残業時間も減りました。思考の質も高まり、**「やっと今までの自分の経験と企画が結びついて、今の仕事が楽しくなってきました」**とのこと。

帰宅後はワインを片手に、小説の構想をメモする毎日。**夜はベッドでぐっすり眠れるようになりました。**

Hさんの行動イノベーションノート

1 昨日1日で、嬉しかったこと・感謝したいこと・よかったこと

1 地方出張にこられた
2 出張先で部長と2人で飲んでいろいろ話ができた
3 地方出張につなげて実家に帰れることになった

2 改めて、どう感じた?

1 出張が実は好き
2 部長との関係に悩んでいたけど、「なんとかなる」と思えた
3 いち早く実家に帰りたい!

3 今日1日、本当はどうしたい?

1 さらに部長との距離を縮めたい
2 新しい価値を生み出す企画を提案したい

4 10秒アクション

1 朝のあいさつに一言加えてみよう
2 気になるキーワードを書き出してみる

Tさんの場合　《教育関連事業人事部、41歳・男性》

10年以上営業で実績を残してきたTさんは、希望していなかった人事部門に異動になり、社内での階層別研修を企画する仕事を任されました。

仕事の流れを熟知している営業であれば、全体像も流れもイメージでき、先延ばしすることなどほとんどありませんでした。

ですが、人事部の仕事は全体像もつかみにくく、特に研修に関する企画書の作成を先延ばしせざるをえなくなり、悩んでいました。

また自分以外のメンバーは人事や管理部門での経歴が長く、自分の悩みを打ち明けづらい環境でもありました。

【Tさんの毎日】

- 現場の長かった自分とはあまり話も嚙み合わず、質問もしづらい
- 人事部独特の雰囲気にも馴染めない

●興味のなかった未経験の仕事で、やる気も湧かない

ぶっとんだ目標を立てよう

Tさんにも、こうした現状は一旦脇に置いて、本当はどうしたいか、自分のキャリアをどうしていきたいのか、考えてもらいました。

最初は、「解雇されたくない。降格されたくない。なんとか、この会社で頑張って定年まで勤めあげたい」という思いしかでてきませんでした。

そこでTさんには、子どものころ夢中になったことを思い出してもらいました。すると、体を動かすのが大好きで、スポーツに夢中になっていたことを思い出したのです。

そして、地元のスポーツチームのいちファンではなく、プロのボランティア（プロボノ）として、一部昇格に向けたチームの力になりたいという強い思いがでてきました。スポーツを通して、地元を盛り上げ、夢を実現していく、という熱い思いがこみ

上げてきたのです。

【Tさんのぶっとんだ目標】

- 人事のプロになりたい
- プロボノとして、地元のスポーツチームの一部昇格をサポートしたい

10秒アクションを実践

Tさんには、ぶっとんだ目標、自分が本当にやりたいことに対して、今の会社・仕事・職場でできることをリストアップしてもらいました。それからTさんは、リストアップしたものに優先順位をつけて1つずつ実行していっただけです。

【Tさんの10秒アクション】

- 人事のプロになりたい

↓社外勉強会に申し込む、人事の同僚をランチに誘う

◎プロボノとして、地元のスポーツチームの一部昇格をサポートしたい
↓まずは試合会場でのボランティアに申し込む

Tさんは、毎朝ぶっとんだ目標を確認した後、「今日1日、本当はどうしたい？」と自分に問いかけ、10秒アクションに毎日取り組みました。

すると、**あれだけ馴染めなかった人事部の雰囲気にも、少しずつ馴染めるようになり、避けていた上司や同僚とも気負わずに話せるようになっていきました。**

さらに、人事の仕事は、応援しているスポーツチームの組織内のチームワーク向上のヒントにもなることに気づき、**「まったく興味がわかず嫌々やっていた人事の仕事が、自分のやりたいことにつながることがわかってきて、仕事が楽しくなってきました」**とTさん。

週末は、地元のスポーツチームの応援をしつつ、プロボノとして関われる機会を増やそうと積極的に活動するようになりました。地元での人脈を広げるために、地元のイベントに参加することが多くなりました。

「先延ばしが減らなくて悩んでいた頃は、会社でも自宅でもモヤモヤしていました。**今は、毎日やりたいことがいっぱいあって充実しているからか、平日も休日もあっという間にすぎていきます。この歳で、もう一度、学生時代のような情熱的な日々をすごせているのが嬉しい。最近、2枚目の名刺をつくったんですよ**」とパラレルキャリアの実践を笑顔で話してくれました。

Tさんの行動イノベーションノート

1 昨日1日で、嬉しかったこと・感謝したいこと・よかったこと	2 改めて、どう感じた?
1 締め切りの仕事が終わった	1 今回も追い込み型だったので、もっと計画的にしよう
2 砂糖入りの缶コーヒーを今日も飲まなかった	2 ブラックコーヒーがおいしく感じられるようになってきた
3 近所の公園をジョギングできた	3 体を動かすのが楽しいし、よく眠れている

3 今日1日、本当はどうしたい?	4 10秒アクション
1 プロレベルの人事の仕事をしたい	1 社外勉強会のレジュメを通勤カバンに入れる
2 ブラックコーヒーをひきつづき	2 ランチのとき、ブラックコーヒーをテイクアウトする
3 プロボノとして活動したい	3「web申込みページ」にアクセス
4 上司に打ち合わせの予定をもらう	4 朝、あいさつついでに話しかける

Hさん

悪戦苦闘していた企画開発部門で、チームリーダーに抜擢されました。**新しい部署や上司に慣れるのに精一杯で、夜もあまり眠れなかった3年前からすれば、大きな変化です。**

新型コロナの影響で部署全体がリモートワークになったとき、オンライン飲み会を企画し、部署と部署をつなぐ役割を率先して買って出ました。自分の業務だけでなく、部署全体のゴールを考えて「どうしたいか？」、「何が求められているのか？」を主体的に考えて動けるようになったそうです。仕事は、とても充実しているとのこと。**Hさんが3年前に書いたぶっとんだ目標よりももっと大きくぶっとんで実現し続けています。**

現在の悩みは、仕事に熱中しすぎるあまり、小説を書く時間が確保できないこと。仕事はハードであるものの、やりがいも感じているので、今は、ライバル視察と称して、小説を読んで、湧いてきたアイデアをノートにメモする日々だそうです。

3人のその後を紹介!

本書で紹介したMさん、Hさん、Tさんもノートを書き始めてから3年が経過しました。それぞれの道を歩まれていますので、ここで紹介したいと思います。

Mさん

職場改善をぶっとんだ目標にしていたMさんですが、その後Mさんは人事部に異動になり、**長年やりたかった社内研修の講師として登壇する機会に恵まれるようにもなりました。**トレーナーとして、さらに実力アップするために、勉強会に積極的に参加、社外の人からの相談も受けるようになりました。

プライベートでは、気持ちに余裕ができたことで、ずっと先延ばししていた一人暮らしをスタートしました。**ストレスだらけで鬱々としていた頃にはできなかった自炊もできるようになりました。**

現在の仕事での課題は、より効果的な人材育成と離職率の低下を実現していくこと。Mさんがずっとやりたかった仕事なので、課題にも前向きに取り組んでいます。**次々にぶっとんだ目標を達成しているMさんの今後の活躍がますます楽しみです。**

Tさん

「人事のプロになりたい」。Tさんの掲げたぶっとんだ目標は経営企画室に異動することによってつくり直すこととなりました。しかし密かに希望していた経営企画室だったので、まさかこんなにあっさり異動できるとは思わなかったと嬉しい驚きだったそうです。**何よりも嬉しいのは、以前よりはるかに多くの情報が入ってくるようになったこと。**現在は、プロボノで得た知見を、仕事の現場で生かそうと、奮闘されています。

今の課題は、2つ。会社全体の経営会議で、いかに強みを発揮していくか。そして、新型コロナウイルスの影響で状況が大きく変わってしまった地元のスポーツチームを、どうやって立て直していくかということ。**新しいぶっとんだ目標を立て、現在もデイリーノートをつけることで、自分を見失わずに、ぶれずに行動できているそうです。**

第4章

飽きない！　だれない！
あきらめない！

行動イノベーションノートを楽しく続ける工夫

4章を読む前に

ここまでは、いかに先延ばしをやめるかの技術についてお伝えしてきました。

行動イノベーションノートは、朝の実践がまずはオススメですが、3週間ほどして軌道にのってきたら、ちょっとした空き時間や細切れ時間にも目標ページを眺めてワクワクしながらイメージする「未来アンカリングタイム」を増やしましょう。

目標達成のイメージが明確になればなるほど、未来アンカリングが威力を発揮し、日頃の先延ばしがどんどん減ることに直結します。

そうすることで**先延ばし撃退を加速しやすくなる**はずです。

ここからは、行動イノベーションノートという習慣がよりはかどるメソッドをご紹介します。私がサポートしているクライアントさんが実際に取り入れ、特に効果の高かった方法を厳選しています。

より集中力が増し、仕事のみならずプライベートでもストレスフリーな状態になれることでしょう。

ただし、これらのなかには、あなたに合うものと合わないものがあります。たとえば、「目標を持つ仲間をつくる」というものを紹介していますが、同じ熱量でゴールを目指す仲間をつくることで頑張れる人もいれば、逆に義務感やプレッシャーを感じてツラくなってしまう人もいるでしょう。

ですから、**今のあなたにとって、「これは取り入れたい」と感じたものだけを、まずは1つだけ取り入れてみてください。**

10秒アクションはあれこれ考えすぎない

10秒アクションの内容を考えることや10秒アクションを丁寧に書くことに労力がかかりすぎてしまうと、毎日続けるのが大変になってしまいます。

10秒アクションは、「パソコン上のファイルを開く」「資料を眺める」「音読する」など、**行動の内容がわかる、箇条書きレベルの簡単な記入でＯＫ**です。

- この10秒アクションに効果があるのか？
- 他にもっといい10秒アクションがあるのでは？

などと迷う必要はありません。「完璧な10秒アクション」や「納得のいく10秒アクション」はない、と考えてみてください。「仮決め」「仮行動」でいいのです。気楽に取り組んでみてください。

大切なのは、**目的と手段をあべこべにしない**ということです。先延ばしを撃退するには、「ぶっとんだ目標」に加えて、何らかの「行動」が必要なのです。最初の一歩が曖昧《あいまい》だと、行動に着手しないということが多くなります。だからこそ、10秒アクションでは、実際に行動に着手するために「最初の一歩」を文字化しているわけです。「ぶっとんだ目標」に近づくための小さな「行動」こそが、あなたを望むべき方向へ連れて行ってくれます。

だから、ほんの小さなことでもいい。この10秒アクションを考えてノートに記入するのに、どうか時間をかけすぎないでください。

たとえば、「英語力を磨いて外資系に転職する」ということであれば、「英語のテキストを通勤カバンに入れる」というのを「10秒アクション」にしてもいいでしょう。

あとは、一度試してから考えればいいのです。

もし、「英語のテキストを通勤カバンに入れる」ことで、英語の勉強が進んだのであれば、明日以降も同じ10秒アクションを続ければ、英語力を磨くことができます。

これに対して、「英語のテキストを通勤カバンに入れ」ても、英語の勉強が進まなかった場合には、明日は違う10秒アクションを考えます。

たとえば、「英語の小説を通勤カバンに入れる」「英語勉強アプリをスマホに入れる」「英語でネットサーフィンをしてみる」など、新しい10秒アクションを考えればいいだけです。

ぜひ、**10秒アクションは気楽に考えて記入し、実践してみてください。**

1週間続いたときの「ごほうび」をつくろう

1週間、行動イノベーションノートが続いたら、自分に「ごほうび」をプレゼントしましょう。「ごほうび」というと、高価なものや特別なことを想像しがちですが、そんなことはありません。**あなたの気分がちょっとでも上がるものであれば、何でもOK**です。

この**「ごほうび」は、あらかじめ決めておくこと**がポイントです。

たとえば、Eさんは毎週土曜日に行動イノベーションノートを見返しているそうです。そこで、1週間毎日ノートを続けられたときは、「自宅近くのお気に入りの喫茶店に行く」ことを「ごほうび」にしているそうです。そうすることで、行動イノベーションノートを実践することが、「快」と結びつくのです。

「快」とは脳に与える感情です。この快の感情が、ノートの習慣化へと結びつくのです。

私のクライアントさんのなかには、1週間に1回の「ごほうび」よりも、毎日ささやかな「ごほうび」を設定したほうが続けやすいという人もいます。

Sさんは、毎日赤ペンでカレンダーに星マークをつけることを「ごほうび」にしています。また、Yさんは行動イノベーションノートを実践できた日は、15分大好きなゲームを解禁することを「ごほうび」にしています。

そんな簡単なことで効果があるのか？　と疑う人もいるかもしれませんが、効果大です。

小さな報酬でも立派な報酬です。「ごほうび」は、高価なものである必要はありません。ぜひ気軽に「ごほうび」設定をしてみてください。

そして、もう一つ大事なのが、**目には見えないごほうび、「自分褒め」**です。

つい自分に厳しくしすぎ、できていないことにばかり目がいき、自分を責めてしまうということで悩んでいる人も多いと思います。ですが、「行動イノベーションノート」という新しい習慣をはじめること自体、すでに挑戦なのです。新しい挑戦が1週間続くだけでも大変価値のあることです。

日常の忙しい仕事や生活を送りながら、新しい挑戦を続けることができたあなたをまずは自分自身で「よくやったね！」「いいね！」と褒めてあげてください。自分いいね！　オススメです。

何よりも、行動イノベーションノートを続け、あなたが本当にやりたかったことの先延ばしを減らすことができるのです。それによって**ストレスが減り、1日のうち気分よくすごせる時間が増える。それこそが最大の「ごほうび」**です。

10秒アクションができなくても落ち込まない、責めすぎない

「行動イノベーションノートを書き忘れた」「10秒アクションをし忘れた」など、行動イノベーションノートをはじめたけれども、うっかり忘れてしまったり、余裕がなくてできなかったりすることがあるかもしれません。こんなとき、

- どうして今日、忘れてしまったんだろう
- 行動イノベーションノートで先延ばしを撃退すると決めたのに、3日も続かないなんて……
- ノートをつけ忘れたことさえ昨日は気づけなかった。自分はどうしようもない

などと、**あなた自身を責めないでください。**

残念ですが、「できなかった自分」を責めても、できるようにはなりません。ですから、行動イノベーションノートを書き忘れた、10秒アクションができなかったということがあっても、今日が終わったらそれは忘れてください。

「できなかった」「忘れてしまった」というのも、一つのフィードバックです。

では、できなかったあなた自身を責めるかわりに、どうしたらいいのでしょうか？

- **どうすればできるだろうか？**
- **どうしたら毎日負担感なく忘れずに行動イノベーションノートを書けるか？**
- **どんな工夫をしたら、10秒アクションを確実に実行できるか？**

それだけを考えればいいのです。

もし、できなかったまま放置しておくのはどうしても耐えられないという人は、今からやり直せばいいのです。

「できなかった」と考えるのではなく、「今から取り組めばギリギリセーフ」と考えるのです。たった3分で自己嫌悪から解放されるのだとしたら、今からやらない手はありません。

「0か100か」という「オール・オア・ナッシング」という考え方では行き詰まってしまうことがあります。完璧主義が顔を出してきたなと気づいたら、とにかく**「できたこと」にフォーカスしてください**。

たとえば、あなたは「まだやっていない」ことに気づけました。それだけでも、進歩です。こんなふうに考えたほうが、結果的には先延ばしを撃退することにつながっていきます。

プランABCを立てる

「まずは10秒アクションからはじめましょう」と提案している本書ですが、とはいえ資格取得のための勉強などの場合は「この参考書をしっかり終わらせなければ合格はあり得ない」などの必須条件が出てきます。

そういった状況で**「予定は立てるんですが、なかなかそのとおりにうまくいかないんですよね……」と悩んでいる人は、ぜひこの強化術を取り入れてみてください。**

「資格試験まであと1ヶ月！　今週は絶対に参考書を30ページ進めたい」と思っていたとします。そして、火曜日の夜と土曜日の夜に15ページずつやろうと決めていたとします。ところが、火曜日の夜が残業になってしまった……うまくいかなかったということってありますよね？

予定はなかなかそのとおりにいかないものですから、どんな状況に陥っても「1週間で必ず30ページを終わらせる」ためには、プランを複数立てておく必要があるのです。たとえば、

プランA【理想的プラン】……火曜日の夜に15ページ、土曜日の夜に15ページ
（でも、火曜日の夜に残業になるかも）

▼

プランB【もしものプラン】……水〜金で5ページずつ、土曜日の夜に15ページ
（でも、水〜金の夜のうち何日かは勉強する体力が残っていないかも）

▼

プランC【もしも、もしものプラン】……水〜金のどこかで10ページ、土曜日の夜に15ページ、日曜日の夜に5ページ

といった具合です。

このようにプランを3つほど考えておく癖をつけてしまえば、「予定どおり進まない」という状況はかなりの確率で回避できます。

どんな計画も自分を苦しめないように、主体的に、自分本位に計画をつくってしまいましょう。

先延ばししがちな人の7つの口癖

あなたは「時間がない」が口癖になっていませんか？

先延ばしの問題の前に、口癖を変えることでそんな悩みもすっかりなくなってしまう人もいます。

ここでは、先延ばしが止まらない人に共通する口癖をご紹介します。

口癖1

「〜だから、できない」↓条件が整わないから「行動」をやめる

「今はお金がないから、できない」「協力者がいないから、できない」など。「あー、時間があれば旅行に出かけるのになぁ」なども、同じ部類に入ります。「できない条件」をできるだけたくさん集めて、自分を納得させてしまいます。

口癖2

「～だったらどうしよう……」↓心配だから「行動」をやめる

「失敗したらどうしよう」「無駄になったらどうしよう」など。「うまくいくかなあ」なども、同じ意味の言葉です。失敗するリスクを最大限にふくらませ、「行動」をストップさせてしまいます。

口癖3

「今さら～」↓年齢的に無理だから「行動」をやめる

「今さらはじめてモノになるとは思えない」「いい歳をしてそんなことはできない」など。「あと10年若ければやっていたのに」なども同じ部類です。決して戻ることのできない「時間」を理由に、「行動」をやめてしまいます。

口癖4

「もう少し学んでから……」↓今は実力不足だから「行動」をやめる

「もう少し技術を学んでから実行に移したい」「まだまだ自分はそっちの立場でやる実力はないので……」など。向学心の強い人、今まで人前で恥ずかしい失敗をあまりしたことがない人ほど、この傾向があるようです。

口癖5

「難しそう……」↓難しそうだから「行動」をやめる

「無理だよ」「難しそうだね」など。新しいことに挑戦するときに、難しいという前提をつくることで、思い通りいかなかったときに傷つかないようにして、自分を守ろうとします。その結果、中途半端に終わることが多いです。

口癖6

「他に楽しいことがあるので……」↓合ってなさそうだから「行動」をやめる

「自分には他にもっと合っているものがあるから」「自分には向いていないと思った」など。心から思ったのであれば正解ですが、「頭の声」だけに従って新しいことをはじめ、「頭の声」だけに従ってやめてしまう人も多いと感じます。

口癖7
「目標どおりの結果が出なかった」↓目標未達成だから「行動」をやめる

「○○の目標を立ててレースに臨んだものの、結果が出ませんでした」「背水の陣で試験に臨んだものの、結果は最悪でした」など。この口癖は、非常に多く見られます。自らの意思で「行動」をしたこと自体とても素晴らしいのに、「できなかった」結果だけに「意識」を向けてしまうのです。

こうした言葉を意識して話さないようにすることでも、先延ばしをやめていけるようになります。意識して口癖を変えてみてはいかがでしょうか？

物差しの目盛りを小さくして考える

「気持ちはワクワクしているのに、『行動』できないんです」という人もいらっしゃいます。その場合の特徴の一つが**「行動」をとても大きなものとして捉えていること**です。

たとえば、今まで走ったことのない人が、いきなり毎日5キロ走ろうとしてしまい、なかなかはじめる決心がつかない——という状態は、これに当てはまります。

これは**10秒アクションがうまくできていない証拠**です。

もしもフルマラソンを完走して、充実感を得たいのだとしても、いきなり5キロ走るのではなく、極端にいえば初日は「ランニングシューズを履いて近所のコンビニまで歩いた」でいいのです。

最初は10秒でできるアクションにしてください。

「絶対にできる、絶対に成功する小さな行動」を意識しながら毎日「行動」を積み重ねるといいでしょう。


たとえば、ぶっとんだ目標に基づいて「今日は5キロ走ろう」と思って走り出したけれど、調子が出ずに2キロで終わってしまったとします。

そのとき、「今日は『行動』できなかった……」と思ってしまっていませんか？

もしもそう思うなら、**あなたの物差しの目盛りは大きすぎます**。

「5キロ走ったら成功」と「5キロ走らなかったら失敗」という2つでしか測れない。

そんなあなたは、**自分自身のために、物差しの目盛りをもっと小さくしてあげてください**。

たとえば、「ランニングシューズを履いた」「外へ出た」「歩かずに走った」「100メートル走った」「1キロ走った」……などがすべて計測できるくらいに目盛りを小さくするのです。

すると、2キロ走ったことが十分素晴らしいと思えるようになります。

「最後までやろう」「ちゃんとやろう」という気持ちで物事を行うと、なんだか力が入ったり、長く続けられなくなってしまいます。

そういう人は**「頑張りすぎ」の傾向があるので要注意**です。

「行動」前から力が入ってしまっている状態ではスムーズにはじめられません。たとえはじめられたとしてもすぐに息切れしてしまいます。そのままの状態で続けようとすると、「want to」(やりたい)の気持ちではじめたはずなのに、「have to」(やらなければ)に変わってしまうのです。


「頑張りすぎ」の人は、「最後までやらない」「ちゃんとやらない」という感覚を大事にしてください。

今日の目標を「参考書を5ページ解く」と決めてスタートしても、気持ちの乗った状態のまま4ページで止めてみる。そんなふうにあえて「最後までやらない」日があってもいいのです。

「毎日机の上をキレイにしてから帰る」と決めてスタートしたとしても、今日は書類をそろえるだけで終わりにする、でもよしとする。そんなふうにあえて「ちゃんとやらない」日があってもいいのです。

自分のハードルを低くして、「行動」しやすくしてあげる配慮をすると、行動が加速化し、習慣化がうまくいきはじめると思います。

ノートをつけること自体先延ばししてしまいそうなとき

行動イノベーションノートをはじめたものの、結局ノートをつけること自体を先延ばしにしてしまってがっかり、ということもあるかもしれません。そんなときの特効薬をお伝えしておきます。

それは、**「視覚」を最大限活用する**ということです。

具体的にはどうすればいいかというと、ノートの存在が目に入るように工夫するのです。

たとえば、出勤前に行動イノベーションノートを記入したい場合は、起床後から出勤直前までの行動動線のなかで、必ず目に入るところにノートを置くだけです。

人間の脳が視覚から得る情報の割合は83％という研究データもあるくらい視覚情報のインパクトは大きいので、ノートが視覚に入れば、行動イノベーションノートを書きたくなります。

他にも、就寝前に食卓にノートを置いておく人や、スマホの充電器横をノートの定位置にされている人もいます。私の場合は、書斎机のど真ん中に置いています。

このように、ノートが視界に入るように事前準備しておくことで、行動イノベーションノートの実践を仕組み化できます。

また**どんなノートを使うかも日頃の習慣には大切な要素**だと思います。

「行動イノベーションノートに使うノートにオススメはありますか？」と、質問されることがあります。

ノートには、無地、横線、縦線、方眼タイプやリングノート、大学ノート、質感、色、表紙のデザイン、紙質、サイズ、入手しやすさ、価格など、さまざまな要素があります。どんなノートでもいいのですが、私は「あなたの好みやこだわりを最優先させてください」とお伝えしています。

たとえば、カバンに入れて持ち歩きたい人は、薄手のノートでA6の文庫本サイズやB7のパスポートサイズが持ち運びに便利なのでオススメです。

また、ダイナミックに物事を考えたい人で、ノートは自宅に置いておきたいという人であれば、「ノートのサイズは思考のサイズを反映する」ともいわれていますので、A4の大学ノートサイズやそれより一回り小さいB5サイズがオススメです。

私は、B5サイズのオリジナル「10秒ノート」を使用しています。

もちろん、自宅にある使いかけのノートでもかまいません。**完璧なノートが見つかるまで行動イノベーションノートの作成を先延ばししてしまっては、本末転倒です。**今できる範囲で、あなたの気分が上がるようなノートを見つけてみてください。

またクライアントさんのなかには、行動イノベーションノートを書くときだけ、万年筆を使っているという人もいます。気に入っているけれど使っていなかった万年筆を**「行動イノベーションノート専用ペン」とすることで気分があがって、より楽しく取り組める**ようになったそうです。私は「日本のエルメス」ともいわれている日本唯一の馬具メーカー、ソメスサドルのペンを使ってノートを書いています。

他には、お気に入りの「しおり」を使うことで、楽しくなったという人もいました。

報告会をセッティングしよう

スキューバダイビングをするとき、2人以上で組むことを「バディを組む」といいます。バディとは「相棒、仲間」という意味です。目標達成の速度を加速させる方法として、**目標をもつ3人でバディを組み、定期的に「行動」結果を報告し合う**のもオススメです。

たとえば、「夏までに英語に関する資格をとりたい」という思いがあったとします。それなら「私も一緒にやりたい」という人をあと2人募って3人チームを組みます。

「行動」は各自行い、たとえば日曜日の夜にスカイプ、ズーム、ラインのグループなどを利用して、1週間の自分の「行動」内容や、やってみた感想、特に効果のあったことなどを報告し合います。

自分1人だけだと続かないという人でも「仲間に報告しなきゃ」と思うと続きますし、楽しい仲間と組めば「すごく成果があったよ」と報告したくなって、さらに頑張れたりします。

この報告会のポイントは3つあります。

1つめは、人数です。これは3人がベストです。

2人でも構わないのですが、2人だけだとどちらかが「今週は忙しくてあまり『行動』できなかった」とか「今週は定期報告の時間に予定があるから報告会はナシね」となることが多くなり、すぐにバディが崩れてしまう可能性が高くなります。その点、3人であれば、1人がそういった状態になっても2人で続けることができます。そして、1週休んで1人が戻ってくることができるので、長続きするのです。

あまり人数が多くなると「自分はこのグループに脇役として属しているだけ」と感じ、主体感をなくして頑張らなくなってしまう人が出てきます。ですから私の経験上、まずは3人ではじめてみるのがいいと思っています。

2つめは、定期報告の日時と方法です。これは必ず事前に決めること。「日曜日の夜にLINEで」くらいのゆるやかな取り決めでいいと思いますが、これを決めておかないと、締め切り感がなくなってしまい、報告の機会を失ってしまいます。

また、報告の方法ですが、SNSを使って文字だけで報告するのでも十分効果がありますが、成果の様子を写真で添付したりするとさらに効果が上がります。さらに、スカイプやズームなどで音声通話やビデオ通話をしても、楽しい報告会になります。

3つめは、雰囲気です。とにかく明るい報告会にすることです。

減点方式ではなく、必ず加点方式にすることが大切です。「何もできなかった」と思ってしまう週でも、実は何かできていることがあるはずです。そこをしっかり確認し合う場にしましょう。

報告会は、「よーし、明日からさらに楽しく頑張るぞ」と全員が思えることが目的です。

どういう方法がバディ全員にとって後味のよいものになるかをイメージしながら方法を仮決めします。そして、**報告会を続けながら、日時や方法をより自分たちに最適なものになるようどんどん変えていく**のもよいと思います。

10秒アクションする余裕がないときのリスタート方法

仕事をしている人であればとくに、急なトラブルに見舞われたり、急ぎの仕事が立て込んでしまい、目の前の案件を処理することに没頭しすぎて、10秒アクションを実行する余裕がなくなってしまう。結果、何一つ手をつけられなくて気持ちがイライラ、モヤモヤしてしまう……という人も多いのではないでしょうか。

日々の業務に追われると、なかなかノートに書いた理想通りに進まないことも多々あります。そういうことが続くと、「中途半端感や焦りばかり増えるくらいなら、やらないほうがまし」と、人は「あきらめモード」に切り替わってしまいがちです。

そうなる前に、**職場で、短時間で気持ちを切り替え、行動イノベーションをリスタートする「きっかけ」となるメソッド**を紹介します。

いずれも大切なことは、「自分の意志（タイミング）で能動的に」リスタートすることです。

1　なかなか着手できない場合、あえて二つのタイムリミットを作る

「今日いつからはじめるか」「今日のいつまでにやるか」という2つの締め切りを設定することで、目の前の仕事により集中し、10秒アクションのうちの1つでも着手できる時間を確保できるようになります。

多くの人は、デッドラインは意識していても、スタートラインへの意識は薄くなりがちです。一般的に、デッドラインまでに時間の余裕があればあるほど、仕事を先延ばしにしてしまい、ギリギリになってから着手するという傾向があります。これを「パーキンソンの法則」といいます。**「いつ始めるか」というスタートラインを決めるだけで、なかなか着手できないモヤモヤ感から一度抜け出す**こともできます。

2　1分でも「1人になれる時間」をつくる

立て続けに鳴る電話やメール応対に追われ、うんざり。そんなネガティブな感情のままで何かをしようとしても、さらにネガティブな結果を招くだけです。**バタバタして余裕がないときほど、「1人になれる時間づくり」を心がけましょう。**

たとえば、行きたくなくても、トイレに行くなど、その場を速やかに離れる。非常階段などで1分間、目を閉じるだけでも、気持ちも思考もスッキリします。

3　「○○する」という「10秒アクション」メモを付箋に書いてパソコンなどに貼っておく

都度、「自分が本当にやりたいこと」を目にできるようにしておくことで、**ゆるんでいた気持ちを適度に立て直す**ことができます。

休憩などで席を外す前と、休憩後にかならず目にすることで、スムーズに着手しやすくなります。ぜひ実践してみてください。

4　資料を眺める

後回しになってしまった仕事に取り掛かれないときは、まずは「資料を眺める」ことから始めると、スムーズに着手できます。**仕事を終わらせると考えるよりも、仕事をスタートさせる「とっかかり」をつくる**のがポイントです。

脳には「側坐核《そくざかく》」と呼ばれる報酬中枢、いわゆる「やる気スイッチ」が存在します。この側坐核は、刺激されるとドーパミンを分泌します。脳は、その経験を欲して、何度も反復するのを促すのです。これが、やる気の源になります。

つまり脳科学的には「やる気→行動」ではなく、「行動→やる気」が、正しい順序となります。ひとまず、「資料を眺める」という、ほんの小さな行動が刺激となって、側坐核が動く。そして、やる気が出るのです。

5　結果目標ではなく、行動目標にフォーカスする

後回しにしてしまった仕事になかなか着手できないときは、結果目標ではなく、行動目標に重点を置くようにしましょう。

結果目標とは、「企画書を完成させる」「新規案件を1件獲得する」など、結果に対する目標です。行動目標とは、「企画書のタイトルを書く」「電話を5件かける」など、あなたが今すぐできる具体的な行動を指します。このように、目標は、結果目標と行動目標に分けることができます。

ハードルをぐっと下げて、結果ではなく行動にフォーカスして気軽に取り組んでみてください。

10秒アクションをレベルアップさせよう

先延ばしを撃退するために、あなたが本当に実現したい「ぶっとんだ目標」に向かって「1日たった10秒」を続けていくと、正直それだけでは物足りなくなります。もっと「行動」したくなります。もちろん、その場合は10秒アクションで終わらせずに、そのまま続けていいのです。

「10秒アクション」は着火剤の役割を果たしています。あなたが本当に実現したいことや先延ばししていることに取り組むための「きっかけ」が「10秒アクション」だからです。

行動というのは面白いもので、簡単すぎても、難しすぎても実行しなくなります。

なぜなら、簡単すぎると退屈、面白くない、達成感がないと感じます。一方、難しすぎると無力感や不安、苦痛を感じます。

10秒アクションに飽きて、やっつけや惰性になると、10秒アクションが「きっかけ」「トリガー」「行動の入口」としての着火剤にならないこともあります。

そんなときは、**時間を長くしてみましょう**。炭や薪にすぐに火がつかないときは、さらに着火剤を追加投入するように、「10秒アクション」で行動のスイッチが入らなくなってきたら、さらに「1分アクション」を追加してみましょう。

- 1分間、本や資料を読む
- 1分間、デスクまわりを片づける
- 1分間、ネットを使って気になることを調べてみる
- 1分間、次に会う人に聞きたいこと、確認したいことを箇条書きにしてみる
- 1分間、ラジオ体操してみる

- 1分間、やりたいことの手順や流れを書き出してみる
- 1分間、自分が書いたものを声に出してみる

ただし、注意が必要です。この1分アクションは、「10秒アクション後」に、実行します。いきなり1分アクションだと、多くの場合続かなくなってしまいます。イメージとしては「10秒アクション＋1分アクション」です。

結果がすぐ出なくてもあきらめない

行動イノベーションノートを一度、実践してみたけれど、しっくりこないと感じる人もいるかもしれません。また、着火剤のはずの「10秒アクション」だけで終わってしまい先延ばし撃退につながらなかったということもあるかもしれません。

先延ばしを撃退する……そんな表現を使うと、何かものすごく大きなことが一瞬にして起こるような錯覚を持ってしまう人もいるかもしれません。

けれども、それはまったく違います。

変化の一つひとつ、特に行動イノベーションノートをはじめた当初に起こる変化は、

朝起きて行動イノベーションノートを開くのが楽しみになった

- **考えるだけで止まらずに、行動に移せるようになった**
- **感情にふりまわされずにすごせるようになった**
- **明日はこうしてみよう！　と考えられた**

など、とても小さなことなのです。

行動イノベーションノートを使いはじめて、短期間で先延ばし撃退に成功する人には共通点があります。

それは、**小さな変化に気づいている**ということ。行動イノベーションノートを続けていて変わらない人はいません。ただ、小さい変化に「気づけるか」「気づけないか」それだけなのです。

ですから、何度も言います。

はじめのうちは劇的な変化なんて実感できなくてもいいのです。

続けていれば、小さな変化が必ず起こってきます。とにかく毎日続ける。そうすれば、

- 気がつけばとんでもないところに来ていた
- 先延ばしで悩まなくなった
- 自分のやりたいことをサクサク実行できている
- いつの間にか夢が実現していた

ということが必ず起こります。

「継続は力なり」です。

おわりに

「お父さん、いつも『後でね』っていうけど、その『後でね』はいつくるの?」

2015年秋のことです。

私はその1年前、『本気で変わりたい人の行動イノベーション』(秀和システム刊、現在だいわ文庫にて刊行中)で、作家デビューしました。たくさんの方に応援していただき4冊の累計が10万部突破のベストセラーになりました。

本が売れたことで、講演や研修の依頼が増えました。さらに、本の執筆依頼や新聞・雑誌の取材、ラジオへの出演依頼をいただけるようになりました。また、目標実現の専門家として、経営者・アスリートのメンタルサポートをし、一部上場企業への研修も行い、仕事にますます精を出そうという気持ちでいました。

いつものように終わらない仕事を自宅に持ち帰って仕事をしているときでした。「お父さん、遊ぼ！」と次男から誘われたのです。パソコンの画面を見ながら「後でね」と答えた私に、次男が怒ったような悲しい声で言い返してきたのが冒頭の言葉だったのです。

私にとって、痛烈な一言でした。

遊びたい盛りの息子たちから「お父さん、遊ぼ！」と声をかけられても、「この仕事が終わったらね、後でね」と先延ばしの返答をする癖がついていたのです。悪気はなかったのですが、「家族のためにも、クライアントさんのためにも、今は仕事に邁進するのがベストだ」と、自分を納得させていました。

当時、やってもやっても仕事は終わらず、長時間労働せざるを得ない状況でした。

行動イノベーションを提唱している本人にもかかわらず、本や雑誌の原稿執筆を先延ばしし、締め切りをすぎることが恒常化していたのです。

不本意な先延ばしが増え、なんとも後味の悪い日々を送り、いつの間にか、大事な息子たちと一緒にすごす時間がなくなっていました。

さらに、睡眠時間を削っていたため、肩や首のこりが悪化し、働けば働くほど消耗し、やつれていくのです。

そんなとき、息子からの一言にハッとさせられたのです。もう「後でね」と言うのを封印しようと決意しました。

自分自身が「ぶっとんだ目標」を見失っていたことにも気づいたからです。

「家族やクライアントさんのためにと思って、必死に頑張っていた自分の人生って何だったのか？」

「本当は、どうしたいんだろう？」

そこで、もう一度初心に返り、「本当はどうしたいのか」を自分に深く問いかけ、もう一度「ぶっとんだ目標」をつくり直しました。もう一度、自分としっかり向き合って自分と対話したのです。そして、**「自分にしかできない仕事に全力で取り組む。そして、かけがえのない、二度とこない子どもたちとの時間も大事する」**という心の声に辿り着きました。

その結果、未来の目標に近づく仕事を最優先に取り組むようになりました。依頼のきた仕事をすべては引き受けず、断ることもできるようになりました。すると流れが徐々に変わっていきました。

今では、サポートする対象を次世代リーダーに絞り込み、企業の顧問サポート、個人セッション、行動イノベーションプログラムの主宰、そして本・メルマガ・コラムの執筆の仕事に集中して取り組んでいます。

さらに毎日、妻や息子とリラックスしてすごす時間、自分1人で読書をしたり、考えたりする時間も確保できています。お酒に頼らなくてもぐっすり眠れ、朝はスッキリ目覚められるようになりました。労働時間は減ったのですが、むしろ満足度も収入も増えました。

あなたはどうでしょうか？

あなたが本当にやりたいことを後回しにしまうのは、あなたの性格（面倒くさがり、慎重、完璧主義、注意散漫、楽観的、優柔不断など）が原因ではありません。ましてやあなたの能力が劣っているわけでもありません。

あなたが先延ばししてしまうのは、それ以外の方法を知らなかっただけ。ぜひ「未来アンカリング」と「行動イノベーション」を続けてみてください。そのためにも、行動イノベーションノートという方法を活用してみてください。

人生にリハーサルはありません。いつも本番。だからこそ先延ばしせずにやりたいことは今取り組むことが大事となります。自分の本心に寄り添い、尊重する。自分で自分のことを尊重するのです。

先延ばしが気になっているということは、あきらめ切れない何かがあるということ。あなたにとって価値ある行動に取り組むさきには、あなたしか感じ取ることのできない、充実感にあふれた未来が待っています。

目標は実現させるためにこそあります。そして目標は理想の未来、ビジョンへのたしかな目印になります。

本書のシンプルメソッドが、あなたが夢に向かって、あきらめずに行動するきっかけになればこれほど嬉しいことはありません。

合言葉は、**目標は情熱的でかぎりなく高い「ぶっとんだ目標」を、そして行動は「今すぐできる10秒アクション」から、**です。

本書はたくさんの方の支えによってできあがりました。本書の編集を担当してくださった長谷川勝也さんをはじめ、大和書房の皆様に心より感謝いたします。またいつもやりがいを持った仕事をさせていただけているのは、クライアントの皆様、仲間、家族のおかげです。本当にありがとうございます！

そして、いつもそばで人生のパートナーとして、仕事でも最強のパートナー・コーチとして全力でサポートし続けてくれる、妻、朝子。いつも大切なこととは何かを教えてくれる二人の息子、晃弘、達也。三人の愛する家族に本書を捧げます。

最後まで、この本を読んでくださったあなたに、最大級のお礼を申し上げます。ありがとうございます！　よろしければ率直な感想をお聞かせください。いただいた感想を本気で一生懸命に読ませていただきます。感想は、次ページのアドレスに送信ください。

「行動イノベーションノート」の実践によって、1人でも多くの人が自分の可能性を最大限に開花させ、充実感と笑顔に満ちた成長の日々を過ごせますように！

近い将来、直接お会いできるのを楽しみにしております。

大平信孝

感想送付先アドレス：info@a-i.asia（件名：「行動イノベーションノート・感想」）
読者限定の特典ページ：http://an-i.info/kodoi-note
（「ぶっとんだ目標」解説音声や、オリジナル「目標ページ」シートなど４つの特典をダウンロードできます）

文庫版　おわりに

　この『先延ばしは1冊のノートでなくなる』が出版された2017年よりも前の私は、やってもやっても仕事は終わらず、長時間労働せざるを得ない状況でした。自分なりに頑張っていたはずなのに、自分だけにしかできない仕事、家族みんなでの団らん、息子との二度とは取り戻せない時間など、私にとって本当に大事なことを先延ばししていたのです。

　本を出してから3年が経ち、「お父さん、遊ぼ！」と、次男からお誘いがかかることは減りました。当時、小学校低学年だった次男も高学年になり、今では私のYouTubeチャンネルのためにサムネイルを研究して、「もっと文字を大きくして、こういう色を使ったら？」と提案してくれるようにもなりました。3年前のように、一緒に将棋をしたり、鬼ごっこをしたり、かくれんぼをしたりするようなかたちではありませんが、今でも次男と一緒に過ごす時間は私にとってかけがえなのないものです。

本書であれだけ先延ばし撲滅を言っておきながら、実は、文庫化に必要な原稿のチェックを先延ばしにしていました。というのも、一度原稿チェックをはじめたのですが、原稿を確認するはずのチェックが、気づけば終わりまで一気に読んでしまい、著者視点での内容や流れの確認などができなかったからです。

今、時代は、大きく変わりはじめています。新型コロナウイルスの流行による緊急事態宣言や休校。自粛生活が続き、リモートワークが普及しています。良くも悪くも環境に振り回されやすくなっています。先の見えない日々を繰り返していると、ストレスもたまるし、不安になってしまうことが多いです。自分で頑張っているつもりでも、萎縮してしまい、現状維持や防戦一方になってしまうことがあります。ここで状況が好転するのを待ってしまうと、以前にも増して、先延ばししてしまいます。

私が文庫化に際して原稿をチェックするよりも夢中で読んでしまったのも、改めて「現在の私に必要な本」だなと、実感したからです。時代の変わり目に今一度、私自身の「本当に大切なもの」を見つめ直そうと思ったのです。これからの不透明な時代にこそ、**本書で紹介した先延ばし撃退メソッドが、あなたにとっての「本当に大切なもの」、「これだけは達成したいこと」を見つけ、実現していく一助になるものと確信しています。**

- 自分にとって本当に大切なことに行きつかない
- 情報収集だけで、本当にやるべきことができていない
- 状況が好転するのを受け身で待ち続ける自分が歯がゆい
- 今が精いっぱいで、1日、1ヶ月、1年があっという間に過ぎてしまう
- 未来に向けて、一歩踏み出したいけれど、実際に動き出すのが怖い

という方々の先延ばしを撃退し、一歩踏み出すお手伝いができればとても嬉しいです。

令和の時代、改めて「ぶっとんだ目標」を立てて、「10秒アクション」から一歩踏み出してみませんか？

近い将来、まずはオンラインで、あなたとお話できる日を楽しみにしております。

最後までお読みくださりありがとうございました。

令和二年　八月吉日

大平信孝

本作品は小社より二〇一七年七月に刊行されました。

大平信孝（おおひら・のぶたか）

目標実現の専門家。第一線で活躍するリーダーのメンタルコーチ。目標実現Gym会長。株式会社アンカリング・イノベーション代表取締役。脳科学とアドラー心理学を組み合わせた、独自の目標実現法「行動イノベーション」を開発。その卓越したアプローチによって、これまで1万2000人以上のリーダーのセルフマネジメント・キャリア構築・人材育成に関する悩みを解決してきた。日本大学馬術部を2年連続全国優勝に導いたほか、経営者、オリンピック出場選手、トップモデル、ベストセラー作家、など各界で活躍するリーダーの目標実現・行動革新サポートを実施。その功績から、各種メディアからの依頼が絶えない。また年間プログラム「行動イノベーションアカデミー」を主宰、熱意のこもった丁寧な指導に定評があり、本書で紹介している「行動イノベーションノート」を使ったセルフコーチング指導で業績を上げるだけにとどまらず、人間関係や心身の健康にも効果を実感する人が続出している。主な著書に『本気で変わりたい人の行動イノベーション』（だいわ文庫）などがある。

だいわ文庫

先延《さきの》ばしは1冊《さつ》のノートでなくなる

著者 大平信孝《おおひらのぶたか》

二〇二〇年九月一五日第一刷発行
二〇二二年一一月一〇日第三刷発行

発行者 佐藤 靖
発行所 大和《だいわ》書房
東京都文京区関口一－三三－四 〒一一二－〇〇一四
電話 〇三－三二〇三－四五一一

フォーマットデザイン 鈴木成一デザイン室
本文デザイン 荒井雅美（トモエキコウ）
本文印刷 信毎書籍印刷
カバー印刷 山一印刷
製本 ナショナル製本

ISBN978-4-479-30832-4
乱丁本・落丁本はお取り替えいたします。
http://www.daiwashobo.co.jp